JN260298

しくみ図解

建築設備が一番わかる

上下水道、給排水、空調換気、電気通信など
建築設備の施工から修理までを解説

菊地 至 著

技術評論社

はじめに

　例えば、大自然を満喫しようということで2泊3日のキャンプをしようと計画したとき、だいたいの人は雨風をしのぐためにテントを用意します。温かく眠るためには寝袋も必要です。飲まず食わずというわけにはいきませんので、煮炊きや調理のための水や食材、コンロ、調理器具なども必要です。このように2泊3日程度のキャンプでさえ、ある程度の便利さを求めるのが一般的です。私自身、若かりし頃、バイクツーリングで長いテント暮らしをした経験がありますが、あまり長くなると設備の不十分さにストレスが溜まり、家に戻ったとき「ああ、やっぱり家が一番だな」などとつくづく思った経験があります。

　私たちは一生という長い年月を暮らしていくためにはテントでは不十分なので、やはり信頼できる「家」が必要です。そして家には暮らしをより快適にするために「上・下水道」「給排水・衛生」「空調・換気」「電気」などの設備を備えます。どの程度の設備が必要かについては建物の用途や規模、個人差もありますが、ライフラインとなる設備を欠いては生きていけませんし、現代社会においては「通信」や「防災」なども欠かせない設備です。

　本書では各設備の概要を豊富なイラストや写真をまじえて、体系的にわかりやすく、楽しく学べるように心掛けて解説しています。また、設備とエネルギーは切り離すことができませんので、省エネなど、エネルギーとの関わりや、高齢化社会と設備の関わりなどについても触れています。解説不足など至らないところもあるかもしれませんが、ご容赦ください。

　最後に本書を執筆する機会を与えて頂き、ご協力頂いた関係者各位様に厚く御礼を申し上げるとともに、本書が建築設備を学ぼうとする読者様のお役にたてることを願い「はじめに」のご挨拶とさせて頂きます。

2014年1月　菊地　至

建築設備が一番わかる
―上下水道、給排水、空調換気、電気通信など建築設備の施工から修理までを解説―

目次

はじめに……………3

第1章 建築設備の概要……………9

1 建築設備とは……………10
2 建築設備の分類と役割……………12
3 建築設計と設備設計……………14
4 建築設備とバリアフリー……………16
5 建築設備の維持管理・メンテナンス……………18
6 図面の種類と読み方……………20

第2章 上・下水道設備……………23

1 上水道のしくみ……………24
2 下水道のしくみ……………26
3 終末処理場の役割と下水道の維持管理……………28
4 配水管・下水道管の施工……………30
5 浄化槽の設置……………32

第3章 給排水・衛生設備……………35

1 給水方式の選択……………36

CONTENTS

- 2 給水量と最低必要水圧の目安………38
- 3 給水ポンプの設置………40
- 4 貯水槽の設置と維持管理・メンテナンス………42
- 5 給水・給湯管の種類………44
- 6 排水設備のしくみと排水管材料………46
- 7 トラップと破封………48
- 8 排水枡と排水槽の設置………50
- 9 排水管の維持管理・メンテナンス………52
- 10 給湯方式と給湯温度・給湯量の目安………54
- 11 熱源機器の種類………56
- 12 ガス設備………58
- 13 トイレに必要な衛生器具………60
- 14 トイレの付属機器とレイアウト………62
- 15 浴室に関する設備………64
- 16 高齢者に配慮した浴室とトイレの設計………66
- 17 使い勝手のよいキッチンの設計………68
- 18 給排水・衛生設備図面の種類と図示記号………70

第4章 空調・換気設備………73

- 1 空気調和の目的と室内気候………74
- 2 高齢者に配慮した空調計画………76
- 3 熱の伝わり方と結露………78
- 4 建物の断熱………80
- 5 ヒートポンプエアコンの原理………82
- 6 オフィスビルの空調方式………84
- 7 単一ダクト方式による空調設備………86

8　送風機・ダクト・吹出口…………88
　9　インテリアゾーン・ペリメータゾーンの空調設備…………90
　10　ビル用マルチエアコンによる空調設備…………92
　11　空調設備の維持管理・メンテナンス…………94
　12　換気の目的と種類…………96
　13　居室におけるシックハウス対策…………98
　14　換気経路と必要換気量…………100
　15　各種換気扇と全熱交換器…………102
　16　暖房の種類と放熱器…………104
　17　床暖房…………106
　18　空調・換気設備図面の種類と図示記号…………108

第5章　電気・通信設備…………111

　1　発電から受電までの電気の流れ…………112
　2　建物への電気の引き込み…………114
　3　受変電設備…………116
　4　分電盤のしくみ…………118
　5　電線の種類…………120
　6　配線と配管…………122
　7　コンセントとスイッチ…………124
　8　照明器具に使われる光源…………126
　9　LEDと有機EL…………128
　10　照明方法と建築化照明…………130
　11　高齢者に配慮した照明計画…………132
　12　動力設備…………134
　13　エレベーター・エスカレーター…………136

CONTENTS

　14　電気設備の保守・維持管理…………138
　15　宅内 LAN のしくみ…………140
　16　テレビ受信設備…………142
　17　IP 電話・インターホン…………144
　18　電気設備に関する資格・図示記号…………146

第6章　防災・消防・その他の設備　…149

　1　自動火災報知設備と住宅用防災警報器…………150
　2　屋内消火栓設備とスプリンクラー設備…………152
　3　排煙設備…………154
　4　誘導灯・非常用照明・非常電源…………156
　5　避雷設備…………158
　6　耐震・制震・免震…………160
　7　防犯設備…………162

第7章　省エネを考慮した設備　…165

　1　身近に始められる省エネ…………166
　2　太陽光と太陽熱を利用した設備…………168
　3　エコキュート・エコジョーズ…………170
　4　コージェネレーションシステム（エコウィルとエネファーム）…………172
　5　氷蓄熱式空調システム（エコアイス）…………174
　6　自然の力を利用したパッシブシステム①…………176
　7　自然の力を利用したパッシブシステム②…………178
　8　ハイブリッド換気システム…………180

CONTENTS

9 再生可能エネルギー……………182
10 地域冷暖房……………184
11 CASBEE（建築環境総合性能評価システム）……………186

◆ コラム｜目次

貴重な水資源……………22
日本と世界の水道……………34
昭和のトイレ事情……………72
設備機器は隠すもの？……………110
電気の正体……………148
メタンハイドレート……………164

第1章

建築設備の概要

建物には雨風をしのぐ役割がありますが、
それだけでは快適な建物とはいえません。
水道、トイレ、エアコン、照明などの設備の
付加機能があって
はじめて人間らしい暮らしが成り立ちます。
本章では建築設備を学ぶ前の予備知識として、
その概要を解説します。

1-1 建築設備とは

●人と建築設備の関わり

　人と建築設備の関係を考えるにあたり、有史以前の私たちの先祖の暮らしについて少し想像してみましょう。当時の住まいは、雨風をしのぐ洞窟や、石や草木などその土地で調達しやすい材料を利用してつくられていたはずですが、このような住まいにおいて、設備らしい設備が整っていたとは思えません。人類の暮らしが大きく変化したのは、約50万年前に「火」を使うようになってからです。「火」を焚くことで寒いときには暖まることができ、「火」を灯すことで暗闇を徘徊する危険な動物から身を守ることができるようになったのでしょう。さらに調理をしたり、土器をつくったりといったように、「火」によって暮らしが劇的に変化したであろうと想像できます。

　すなわち、当時の人々にとって「火」は、現代でいうところの暖房設備であり、照明設備であり、防犯設備であり、調理器具でもあったのです。このように建築設備とは、雨風をしのぐ建物に付加価値を付けるもので、人の暮らしをより便利で快適にする建物の機能面を担う機器や装置のことです（図1-1-1）。

●建物と設備の関係

　一般的に建築とは、意匠・構造・設備が三位一体となって形成されているといわれています。意匠は建物の外観などを形成し、構造は建物の躯体となる骨格を形成します。そして設備は建物の機能を担います。意匠・構造・設備のどれか一つが欠けても、建物としての目的を果たすことができなくなります（図1-1-2）。屋根や壁がなければ雨風はしのげません。骨格となる躯体がなければ、そもそも屋根や壁を安全に取り付けることもできません。そして設備がなければ、前述した有史以前の暮らしに逆戻りしてしまいます。

　本書では、建築を構成する意匠・構造・設備の関係をふまえながら、重要な要素の一つとなる建築設備について解説していきます。

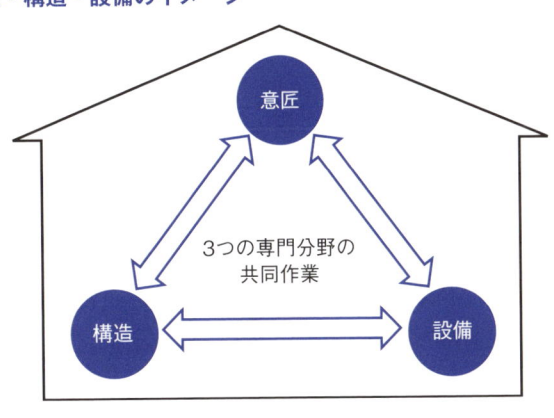

図 1-1-1　昔の設備と現代の設備のイメージ

図 1-1-2　意匠・構造・設備のイメージ

1-2 建築設備の分類と役割

●建築設備の分類

　現代社会において建築設備は、より細分化され、さまざまな機能や役割が必要とされています。本書では、建築設備を「上・下水道設備（第2章）」「給排水・衛生設備（第3章）」「空調・換気設備（第4章）」「電気・通信設備（第5章）」「防災・消防・その他の設備（第6章）」「省エネを考慮した設備（第7章）」の機能や役割に分類して解説していきます。

　先の東日本大震災や地球温暖化などの影響もあって、エネルギーのあり方、環境問題、省エネなどへの関心はますます高まっています。建築設備はこれら諸問題と深く関わりがあり、利便性と引き換えに環境破壊を加速させてしまう恐れもありますので、第7章の「省エネを考慮した設備」では、これからの建築設備のあり方についてもふれておきたいと思います。

●建築設備の役割

　各建築設備は、それぞれ役割や目的があって建物に備えられます。例えば、上・下水道設備は、人が生きていくうえで欠かすことができない水道に関する設備です。これがなければ建物に給水されませんし、排水もされません。「上・下水道設備」「給排水・衛生設備」「空調・換気設備」「電気・通信設備」「防災・消防・その他の設備」の主な役割については、図1-2-1に示す通りです。

　建築設備の役割として忘れてはいけないのは、それぞれが絡み合ってその機能を発揮しているということです。つまり、上・下水道が完備されていなければ給排水や衛生設備も機能しませんし、電力を受電・供給する設備がなければ照明器具はおろか、テレビやパソコン、エアコンなど電気で動く設備機器は機能しません。一般的な住宅でも各設備は絡み合って機能しますが、建物の規模が大きくなると、エレベーター、空調、給排水用のポンプやモータを動かす動力設備、排煙設備、防災・消防設備などが、より複雑に絡み合って機能します。

図 1-2-1　各設備の分類と役割のイメージ

建築設備
- 上・下水道設備
  - ・上水道施設
  - ・下水道施設
  - ・浄水施設
  - ・終末処理場
  - など

  浄水施設で一定基準以上の水質を改善し、その水を建物に供給する。また、建物で使われた水は、終末処理場などで適切な水質にして、海や河川に放流する

- 給排水・衛生設備
  - ・給水設備
  - ・排水設備
  - ・通気設備
  - ・給湯設備
  - ・ガス設備
  - ・衛生設備
  - ・浄化槽
  - など

  上水道施設で改善された良好な水質の水を、適切な水圧で建物に給水し、建物の水まわりで使用した水を下水道に適切に排水するのが、給排水・衛生設備の役割。給湯設備では風呂やシャワー、洗面、キッチンなどでお湯が必要になるので、各種加熱機器で適切な温度に水を調節する。また、トイレの大小便器、浴槽、システムキッチン、洗面などの器具類は衛生設備に含まれる

- 空調・換気設備
  - ・空気調和設備
  - ・換気設備
  - ・排煙設備
  - ・暖房設備
  - など

  室内の温度、湿度、気流、清浄度などを整えて、室内環境を人工的に快適にするのが空調・換気設備の役割。送風機やダクト、冷却塔やボイラなどさまざまな機器や装置が空調・換気設備に付随する。排煙設備は煙を外に排出することを目的としている。手動のものや、消防設備と連動して機械的に排煙するものがある

- 電気・通信設備
  - ・電灯設備・幹線設備
  - ・電源設備・動力設備
  - ・情報通信設備
  - ・搬送設備
  - など

  建物の照明器具など電気を起動力にして動くさまざまな機器類に電気を送り届けるのが電気設備の役割。通信設備はインターネットに関する設備や電話、インターホンなど通信を行うことを目的としている

- 防災・消防・その他の設備
  - ・消火設備
  - ・屋内消火栓設備警報設備
  - ・避難設備誘導灯
  - ・非常用照明
  - ・蓄電池・防犯設備
  - など

  防災・消防設備は、火災時には早期に感知して初期消火をしたり、消防機関への通報、避難の誘導、警報などによる注意喚起などをしたりする。また、地震などの災害時には避難誘導や注意喚起をする。防犯設備は、建物内に不審者を侵入させないなど犯罪の抑止の目的で施設される

1-3 建築設計と設備設計

●建築主・設計者・施工業者

　一般的に建築主は施主（オーナー）のことで、建設に関わる業者にお金を払って工事を依頼し、建物を所有します。設計者は建築主からの依頼で設計を任された者で、建築主と意思の疎通を図り、建築主の要求を建物に具現化します。施工業者は競争入札や相見積りなどによって、建築主と設計側の合意のもとで選ばれた工事を担当する業者のことで、設計の意図を理解し、誠実に施工しなければなりません（図1-3-1）。

●建築・設備設計のおおまかな流れ

　建築主から依頼を受けた設計者は、建築主から家族構成、住まい方、予算などさまざまなことを聞き取る必要があります。例えば、身長160cmの人に合わせたキッチンを設計しても、使う人が180cmなら使い勝手が悪いのは当然のことで、建築設計にはあらゆる情報が必要になるのです。設計者は、それらの情報収集と敷地調査や法的な規制条件などをクリアしたうえで、配置図、平面図、立面図、断面図などを作成し、基本的な設計プラン、つまり基本設計を固めていきます（図1-3-2）。また、建築主が建築図面を読み取ることはできないので、模型やパースなどさまざまな手段でわかりやすく設計意図を伝え、意見を交換し合うのも設計者の重要な仕事です。

　基本設計が固まったら、より細かな詳細図、設備設計図、構造計算などの実施設計に移っていきますが、建築設備は意匠や構造など建築と一体となって機能を発揮するので、設計のなるべく早い段階から設計側と施工側で協議するべきです。どのような給排水の方式にするのか、空調方式はどうするのか？　給湯方式は？　電気設備の容量は？　など、着工までに決めなければいけないことは山ほどあります。また、それらが決まらないと設備機器が決定できないわけですから、予算の計画もできません。このように、あらゆる情報・条件・予算を組み合わせて建築・設備設計を行います。

図 1-3-1　建築主・設計者・施工業者の関係のイメージ

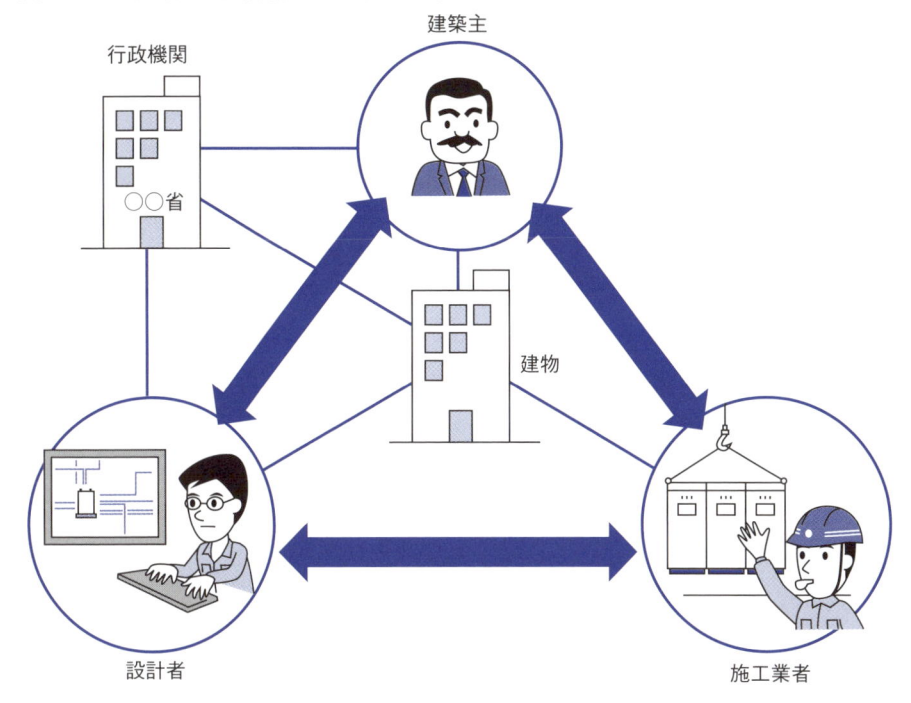

図 1-3-2　設計のおおまかな流れのイメージ

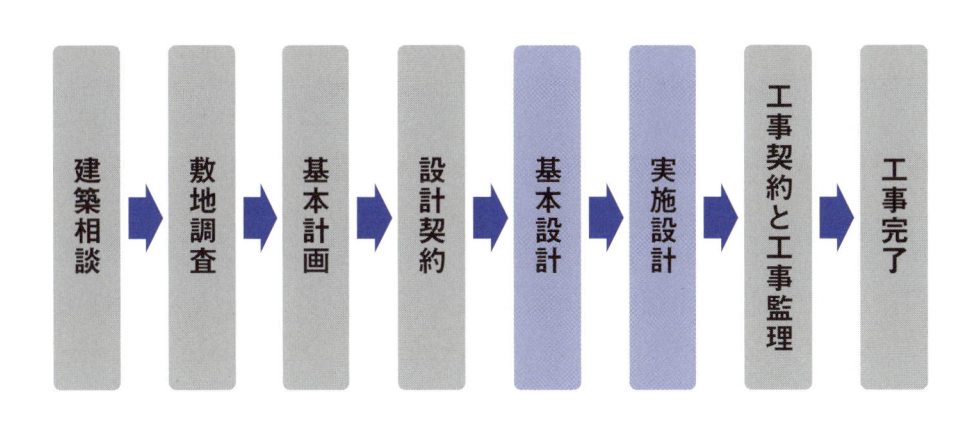

建築相談 → 敷地調査 → 基本計画 → 設計契約 → 基本設計 → 実施設計 → 工事契約と工事監理 → 工事完了

1-4 建築設備とバリアフリー

●高齢化社会への対応

　総務省の調べによると、日本の65歳以上の高齢者の人口は3,074万人（平成22年9月15日推計）、総人口に対する高齢者の割合は24.1％、つまり、約4人に1人が高齢者ということです。高齢者の割合は現在も上昇を続け、2035年には3人に1人が高齢者になると推計されています。

　高齢化社会への対応が建築、建築設備においても重要となり、1994年にあらゆる施設を安全で円滑に利用することを目的として「ハートビル法」が法制化され、2006年にはハートビル法と交通バリアフリー法を一本化した「高齢者、障害者等の移動等の円滑化の促進に関する法律」、通称「バリアフリー新法」が法制化されています。

●建築計画とバリアフリー

　バリアフリーの考え方としては、基本的な人体寸法と動作寸法を理解したうえで、車いすの寸法を頭に入れておくと設計に役立ちます。人体寸法と動作寸法については、寸法を決めるうえでの建築計画の基本となります。例えば、スイッチ、手すり、ドアノブなどの使い勝手のいい高さが理解できます（図1-4-1）。車いすの寸法からは、回転するために必要なスペース、円滑に動作できる通路の寸法や、エレベーターのかごの内法寸法、トイレの内法寸法、駐車場スペースなどが必然的に理解できます（図1-4-2）。また、実際に車いすに乗ってみるとわかりますが、1～2cmの段差を超えることは非常に難しいため、段差を解消し、適切な勾配のスロープが必要となります。

　高齢者に対応したバリアフリー住宅では、基本的に床面には段差をつけないことが理想的とされていますが、注意すべき点は1～3cm程度の中途半端な段差が最もつまづきやすく危険だということを理解しておくべきです。やむをえず段差をつける場合は、床材の色を変えたり、明度差をつけるなど、視覚的に段差があることを認識できるように配慮すべきです。

図 1-4-1 人体寸法、動作寸法

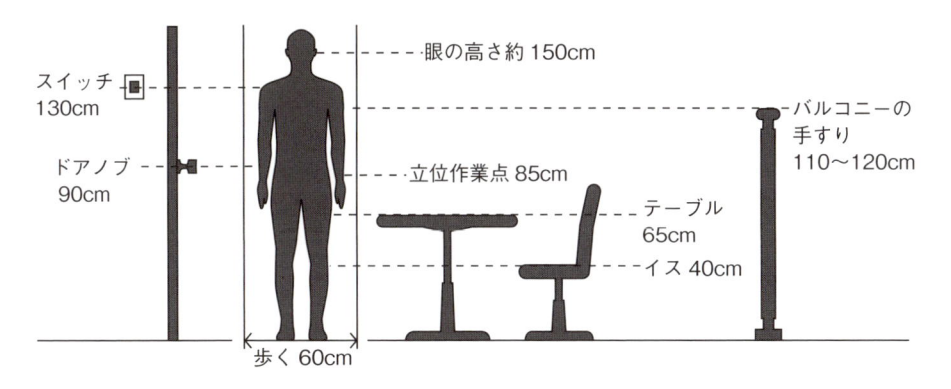

- スイッチ 130cm
- ドアノブ 90cm
- 眼の高さ約 150cm
- 立位作業点 85cm
- テーブル 65cm
- イス 40cm
- バルコニーの手すり 110〜120cm
- 歩く 60cm

図 1-4-2 車いすの寸法など

車いすの寸法
- 22cm
- 45cm
- 70cm以下
- 120cm以下
- 109cm以下

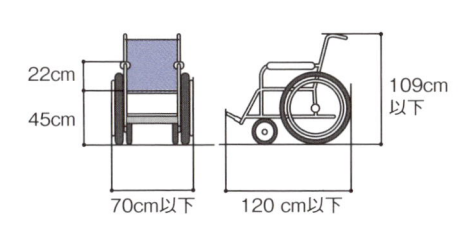

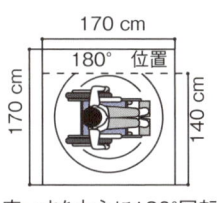

回転スペース
- 170cm × 170cm（180°位置、車いすを中心に180°回転 170cm×140cm以上）
- 車いすを中心に360°回転 170cm×170cm以上
- 片側の車輪を中心に360°回転 210cm×210cm以上

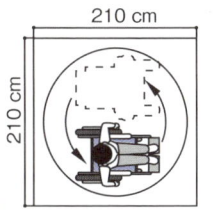

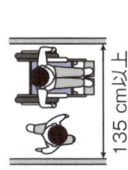

通路スペース
- 車いすと人がすれちがう場合 135cm以上
- 車いすどうしがすれちがう場合 180cm以上

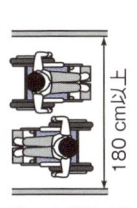

トイレなどの寸法
ベッド、便器、洗い場、浴槽　車いすの座面高にそろえる 40〜45cm

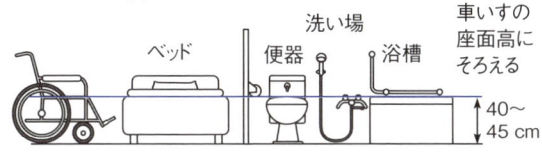

その他
- エレベーターのかごの内寸法:間口140cm×奥行135cm以上
- エレベーターの操作ボタン:床上100cm程度（車いす使用者用）
- 駐車スペース:1台あたりの幅3.5m以上（車いす使用者用）

1．建築設備の概要

1-5 建築設備の維持管理・メンテナンス

●設備の寿命

　人の一生を考えたとき、ケガや病気の一つもしないで、その生涯を終えることはないでしょう。多くの人は健康で長生きしたいと考え、そのために体のケアをします。建築設備も同様で、長く使いたいと考えればケアは必要不可欠です。「形あるものはいつか壊れる」といわれるように、設備にも寿命がありますが、放ったらかしで使った設備と、しっかりと維持管理・メンテナンスをした設備では、当然、その寿命が違います。

　設備の寿命をまっとうするには日常点検と定期点検が欠かせません。日常点検では設備機器の異常を早期に発見するため、人が直接、機器の状態を目視、音、熱、臭い、振動などで確認し、異常を感じた場合は、素早く修理などで対応します。定期点検では詳細な内部の点検をし、定期的に取り替えが必要な摩耗部品については交換しておきます。表1-5-1のバスタブ曲線は「初期故障期間」「偶発故障期間」「摩耗故障期間」に分けて、設備の経年と故障発生率の関係を示しています。各期間の内容については図中に示す通りですが、初期故障期間を過ぎ、安定して機器が可動する偶発故障期間における適切な維持管理・メンテナンスが、設備の寿命を大きく左右します。

●ライフサイクルコスト（Life Cycle Cost：LCC）

　建物におけるLCCとは、建物を購入する段階から解体・廃棄に至るまでにかかるトータルコストのことです。建設費や設備投資などにかかるイニシャルコストはLCCの中のごく一部です。実際には建物購入後の光熱費や、メンテナンス費などのランニングコストの方がはるかにコストがかかります（図1-5-1）。設備は、その役割や機能を発揮しなくなると入れ替え（リニューアル）を検討することになります。設備のリニューアルは、場合によってかなりの費用がかかる工事になりますので、適切な維持管理・メンテナンスはLCCにおいても有効なコスト削減手段となります。

表 1-5-1 代表的な設備の寿命

機器名	寿命	機器名	寿命	機器名	寿命
配電盤・分電盤	30年	エレベーター	17年	蓄電池設備	6年
電線類	20年	給排水・衛生設備	15年	空調設備	15年
キュービクル（屋外）	15〜20年	電話通信設備	6年	冷凍機・ポンプ設備	15年

設備経年数と故障発生率の関係（通称：バスタブ曲線）

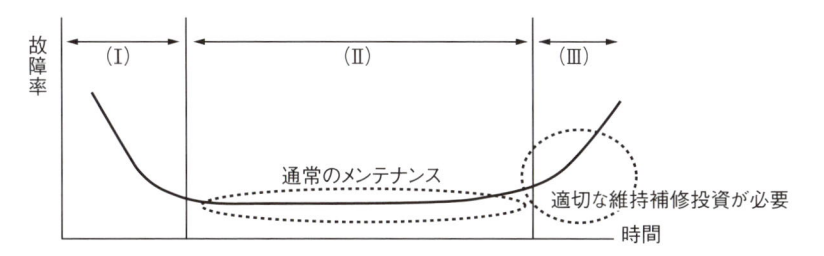

出典：Reliability Modeling and General Redundancy Techniques,1978, Bill D. Carroll

（Ⅰ）初期故障期間：施設・設備の不具合要因（設計ミス等）による故障が使用の初期に顕在化する時期。
（Ⅱ）偶発故障期間：初期故障がおさまった後、故障率がほぼ一定となる期間。
（Ⅲ）摩耗故障期間、経年劣化期間：偶発故障期間に続き、故障率が漸次高くなる期間。設備の摩耗、疲労などにより寿命が尽きることによる設備寿命を延ばすためには、この段階を迎える前に適切な維持補修が必要となる。

（経済産業省「産業事故調査結果の中間とりまとめ」より）

図 1-5-1 ライフサイクルコストの中のイニシャルコスト

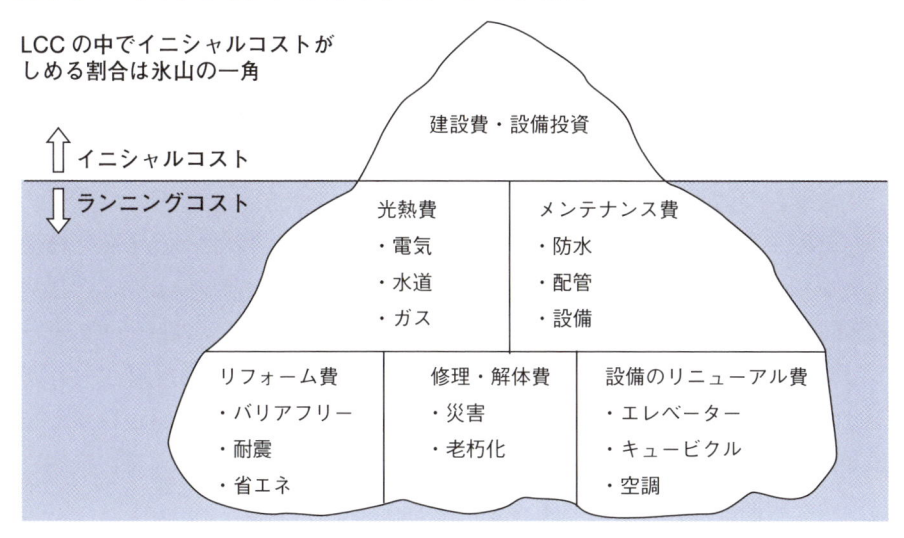

LCCの中でイニシャルコストがしめる割合は氷山の一角

イニシャルコスト
ランニングコスト

建設費・設備投資

光熱費
・電気
・水道
・ガス

メンテナンス費
・防水
・配管
・設備

リフォーム費
・バリアフリー
・耐震
・省エネ

修理・解体費
・災害
・老朽化

設備のリニューアル費
・エレベーター
・キュービクル
・空調

1・建築設備の概要

1-6 図面の種類と読み方

●図面の種類

　建築における設計図を大別すると「意匠図」「構造図」「設備図」に分けられ、構造図や設備図については、実施設計の段階で必ず必要になってくる図面です。さらに設備図を大別すると「設計図」「総合図」「施工図」「竣工図」に分けられます。「総合図」とは、プロット図ともいわれ、比較的大規模な建物で見られる図面です。空調機、配管、ダクト、照明器具などの位置を1枚の平面図上にプロットし、そのルートが干渉していないかなど、各業者どうしの取り合いを検討するときに用いられます。代表的な各種図面の概要について表1-6-1に示します。

●図面の読み方

　音楽業界に譜面があるように、建築業界には図面があります。例えば、譜面が読めない人でも、感覚で楽器を演奏したり、曲をつくったりしてプロのミュージシャンとして活躍している人もいますが、建築業界ではどうでしょう。法治国家である以上、確認申請が必要な建物を建てようというのであれば、各種図面の提出は義務なので、設計側が図面が読めないということはありえませんし、施工側についても図面が読めなければ、何をもとに仕事を進めていけばいいのかわからなくなってしまうので、建築業界での仕事を生業とするなら図面の知識は必須です。

　図面の読み方については、正直なところ、一朝一夕に身につくものではありませんが、図記号や文字記号、線の描き方など、共通のルールのもとに記載されているものなので、本人のやる気しだいで図面は必ず理解できるようになります。昔は製図板やドラフターを使った手描きの製図が主流でしたが、今はCADを使って描くのが一般的となりました。手描きでもCADでも道具は何でも構いませんが、とにかくたくさんの図面を見て、学んで、実際に描くのが図面を読む一番の近道です。

表 1-6-1　各種図面の概要

	名称	概要
意匠図	案内図	周辺の環境がわかる地図
	配置図	敷地内の建物の配置を示す図。隣地までの距離や駐車場の位置、方角がわかる
	平面図	部屋、階段、廊下、柱などの配置を示す図。間取り図
	断面図	部屋の天井の高さ、床の高さ、開口部の高さなどを示す図
	立面図	建物の外観、屋根の勾配、開口部の位置などを示す図
	展開図	窓やドアの位置、設備機器の位置など部屋の内部（壁面）を示す図
	天井伏図	天井の形状や照明の位置など天井面を示す図
	屋根伏図	屋根の形状や寸法を示す建物を真上から見た屋根面の図
	詳細図	階段や家具などの詳細が書き込まれた図
	矩計図	壁の内部、小屋裏、床下など完成後に見えない内部を詳しく示した図
	建具表	建具の姿図、仕上げ、寸法などを示した図
	仕上表	建物内外の表面の仕上げや使用材が書かれている
	面積図	建築面積、床面積など敷地、建物の面積計算が書かれている
	仕様書	工法、使用材、等級などが書かれている
構造図	基礎伏図	基礎を真上から見た図。基礎の形状、アンカーボルトの位置などを示す
	床伏図	各階の床を真上から見た図。柱、梁などの位置や間隔を示す
	小屋伏図	屋根を外した状態で真上から見た図。小屋裏の構造、部材の大きさ、位置などを示す
	軸組図	木材の骨組みを立面で見た図。柱、筋かいの位置を示す
	柱・梁材のリスト	柱・梁などの寸法や種類が書かれている。各部材が使われている場所、寸法、種類を示す
	筋かい計算表	建物の強度計算を表している
設備図	給排水・衛生設備図	給排水の系統図。配管と関連器具類の接続関係を示す
	空調設備図	空調の系統図。給気口・排気口と関連機器類の接続関係を示す
	電気設備図	電気の系統図。電気配線と関連機器類の接続関係を示す

設計図	おおもとになる図。この図面から大まかな予算を出す。全体配置図、系統図、各階平面図、機器配置図、機械室詳細図、各部詳細図、立面・断面図、機器詳細図、自動制御関係図、機器一覧表、一般仕様書、特記仕様書などの種類がある
総合図	空調設備と衛生設備、電気設備が互いに干渉しないよう配置する（取り合いする）ために必要な図。プロット図ともいう
施工図	設計図をもとに、施工に役立つよう細かい寸法まで記載してある図。これをもとに施工管理者が指示を出す
竣工図	完成時の機器の配置、系統を示す図。完成図ともいう。完成品として依頼主に提出するためのものでもあり、改修や工事のときに必要となる図

1．建築設備の概要

❗ 貴重な水資源

　地球の表面積の約70%が海といわれますので、この数字からすると水不足など無縁のようにも思えますが、私たちが一般的に飲める水として利用している淡水の割合は非常に少ないものです。地球上の水の97.5%は海洋水、塩水湖や内陸海が0.008%、淡水は残りの3%にも満たない割合です。3%のうち2%以上は南極や北極の万年氷や氷河といわていますので、ほとんどの世界中の人が地下水、淡水湖、河川水といった1%にも満たない淡水を求めて暮らしているということになります。

　近年では雨が多く降る地域と少ない地域が極端に2極化する傾向があり、中国、インド、アメリカなどの一部地域で大干ばつが発生しています。飲料水の確保に苦しむ人、水不足による農作物や家畜への影響、不衛生な水による伝染病などさまざまな被害が出ています。100年前の世界人口は約20億人、現在は70億人を超え、すでに自然の淡水利用でまかなえる限界を超えてしまっています。2050年には90億人を突破するともいわれていますので、今後の水不足はより深刻なものになると予測されています。

　水不足への対策としては海水を淡水化する方法があります。海水を段階的に蒸発させる方法、電気分解させる方法、水は通すが塩分は通さない膜を利用する方法などによって技術的には可能ですし、中東などでは海水淡水化を行っている例も多く見られますが、広く普及しないのはやはりコストの問題が大きく、大規模なプラントの建設や、海抜0mの所から私たちが暮らす所へ水を運ぶには水の自然な流れに反しますので、ポンプなどの動力に使う膨大なエネルギーも必要になります。現在のエネルギー事情のままでは石油、石炭、ガスなどの化石燃料や原子力へ依存することになり、地球温暖化などの環境問題、原発への不安が懸念されます。水不足はエネルギーとの関わり方と同時進行で解決していかなければなりません。

第2章

上・下水道設備

きれいな水を建物に届けるのが上水道設備、
建物で使った水を排除し、
きれいな水に戻すのが下水道設備です。
本章で解説する上・下水道設備は、健康的で衛生的な
暮らしをするうえで、必要不可欠な設備です。

2-1 上水道のしくみ

●浄水施設の役割と水質基準

　河川などの水を安心して飲むことができる水質にするのが、浄水施設の役割です。浄水施設では活性炭処理、沈殿処理、ろ過、消毒などの工程を経て、水道法にもとずく水質基準を満たすように浄化します（図2-1-1）。浄化された水は送水ポンプで市町村の配水池に送られ、配水池から水道本管を通って建物に届けられます。なお、浄水施設で飲むことができるように改善された公共の水道水のことを「上水」といい、上水に関する施設を総じて「上水道」といいます。

●ビルにおける上水の維持管理

　建物以降の水質については建物の所有者の責任になります。例えば、建物内の受水槽や配管の管理状態による水質の悪化は、水道事業者の責任ではありません。嫌な話ですが、マンションなどの受水槽にネズミや昆虫の死骸が浮いていたり、藻類が付着していたりするなどの報告が未だにあります。不衛生な水を飲まされていた建物の利用者の立場を考えると、衛生面ではもちろん、精神的なショックは計り知れないものがあります。水道事業者から届けられた上水を、建物側で高置水槽や受水槽などで一旦貯水してから利用する給水設備については、水道法で水質検査、定期点検、清掃などの維持管理が義務付けられているにもかかわらず、このような事例が報告されること自体問題です。建物内でも水質基準を満たす必要があります（表2-1-1）。

　不特定多数の人が利用する建物や、前述した貯水槽を有するビルでは、水道事業者から届けられた水を建物内で一旦貯水するため、時間の経過などの理由から上水の残留塩素が抜けてしまい、細菌が発生しやすくなる傾向があります。このようなビルでは安全な水質を維持するために建物内で再度、塩素消毒をして、給水栓から出る水に含まれる残留塩素の含有率が規定以上になるように決められています。

図 2-1-1　浄水の流れ

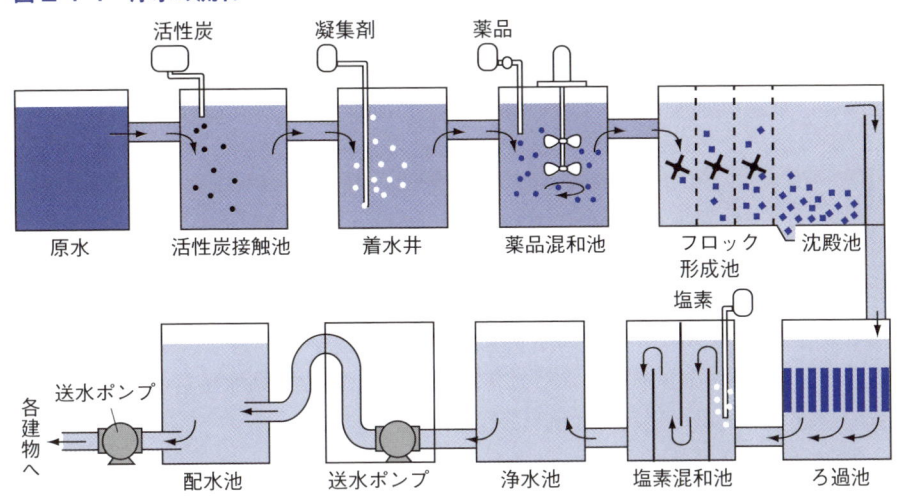

活性炭　凝集剤　薬品

原水　活性炭接触池　着水井　薬品混和池　フロック形成池　沈殿池

送水ポンプ　各建物へ　配水池　送水ポンプ　浄水池　塩素混和池　ろ過池

塩素

2・上・下水道設備

表 2-1-1　水道水の主な水質基準

項目	基準値
一般細菌	1mLの検水で形成される集落数が100以下であること
大腸菌	検出されないこと
カドミウム及びその化合物	カドミウムの量に関して、0.003mg/L以下であること
水銀及びその化合物	水銀の量に関して、0.0005mg/L以下であること
セレン及びその化合物	セレンの量に関して、0.001mg/L以下であること
鉛及びその化合物	鉛の量に関して、0.01mg/L以下であること
ヒ素及びその化合物	ヒ素の量に関して、0.01mg/L以下であること
クロロホルム	0.06mg/L以下であること
臭素酸	0.01mg/L以下であること
ホルムアルデヒド	0.08mg/L以下であること
亜鉛及びその化合物	亜鉛の量に関して、1.0mg/L以下であること
鉄及びその化合物	鉄の量に関して、0.3mg/L以下であること
銅及びその化合物	銅の量に関して、1.0mg/L以下であること
ナトリウム及びその化合物	ナトリウムの量に関して、200mg/L以下であること
マンガン及びその化合物	マンガンの量に関して、0.05mg/L以下であること
pH値	5.8以上8.6以下であること
味	異常でないこと
臭気	異常でないこと
色度	5度以下であること
濁度	2度以下であること

（水質基準に関する省令［平成十五年五月三十日厚生労働省令第百一号］より）

2-2 下水道のしくみ

●下水道とは

　水は常に地球上で循環しています。太陽の熱で暖められた地球上の水は蒸発します。水蒸気を含んだ空気が雲になり雨や雪となって降り注ぎ、再び蒸発します。下水道を簡単に説明すると、私たちが使った水をきれいにして河川や海に戻す施設や設備のことです。下水も地球の水循環に含まれる大切な資源だということを忘れてはいけません（図2-2-1）。

　下水道の下水道管は地中に埋設された暗渠式で目に見えないため、ありがたみがわかりにくいですが、もし、下水道がなければ、し尿を含んだ「汚水」や、風呂、キッチン、洗面、洗濯などで使った「雑排水」が排除されないので、人が暮らす生活圏内に悪臭が漂い、まともな暮らしはできません。下水道は「汚水」「雑排水」「雨水」や工業用水などを適切に排除してくれる暮らしに欠かせない設備です。なお、雨水に対し、広義には雑排水と汚水をまとめて汚水と称することが一般的です。

●下水が河川や海に放流されるまで

　下水道には「合流式」と「分流式」があり、合流式は汚水と雨水を一緒に合流管で流し、分流式は汚水は汚水管、雨水は雨水管に分けて流します。合流管と汚水管の先には終末処理場があり、終末処理場では下水道法で定めた水質に処理し、河川や海に放流されます。なお、雨水管の排水については直接、河川や海に放流されます（図2-2-2）。

　雨が降るとすぐ道路に水があふれ出してしまうような国もあります。世界的に見て日本の下水道はよく整備されていますが、問題点がないわけではありません。合流式の問題点としては、大雨のときに汚水が混じった下水があふれ出す恐れがあるということ。また、分流式の問題点としては、大気汚染物質などが混じった雨水が河川や海にそのまま放流されてしまう恐れがあります。

図 2-2-1　水循環のイメージ

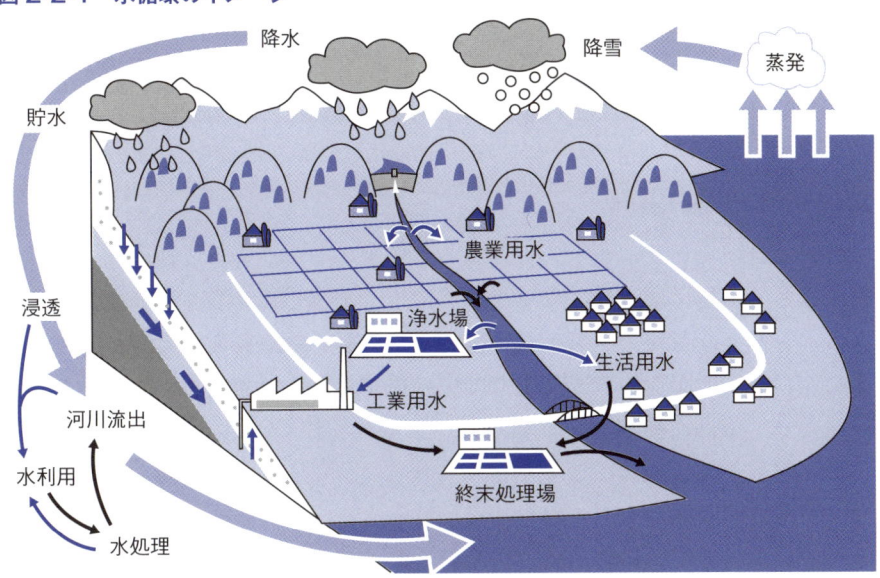

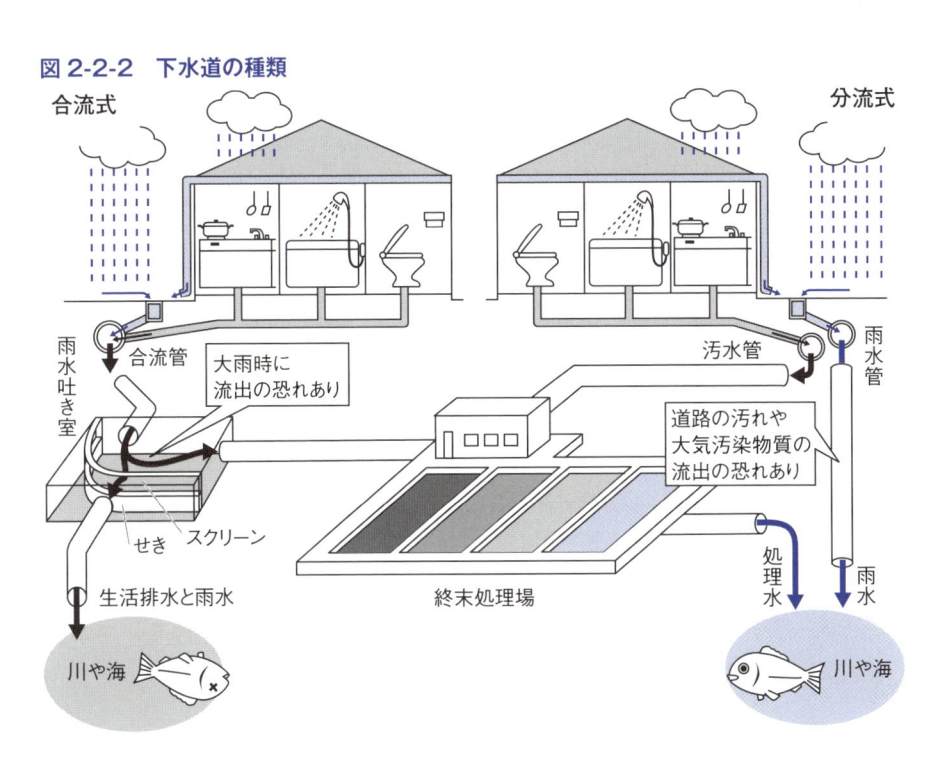

図 2-2-2　下水道の種類

2・上・下水道設備

27

2-3 終末処理場の役割と下水道の維持管理

●終末処理場の役割

　前節で書いた通り、下水も地球上の水循環の一部なので、使った下水はきれいにして地球に戻さなければなりません。下水道法にもとづいて放流する水の水質基準が規定されています（表2-3-1）。この水質基準を守って下水をきれいにする所が「終末処理場」です。終末処理場に集められた汚水は「沈砂池」→「最初沈殿池」→「反応タンク」→「最終沈殿池」→「消毒設備」などの段階を経て放流できる水質にします（図2-3-1）。沈砂池、最初沈殿池では初期段階の沈みやすい固形物を取り除きます。反応タンクでは下水にエアレーション（空気による撹拌）を起こし、酸素を好む好気性の微生物を活性化させることによって有機物を沈殿しやすい状態にします。最終沈殿池では上澄みの水と汚泥を分離させて、上澄みの水をさらに消毒設備で消毒して河川や海に放流します。汚泥については、ただ処分するだけではなく、近年ではタイルやブロックなどの建築資材として再利用したり、バイオマスエネルギーとして再利用したりするなどの取り組みが積極的に行われています。

●下水道の維持管理

　以前こんな光景を見たことがあります。信号待ちで止まった車の運転席のドアが開き、その運転手は山盛りのタバコの吸い殻を道路の側溝に捨て、何事もなかったかのように走り去って行きました。下水道の維持管理は市税や地方交付税などの市町村の公費、あるいは下水道料金で負担することとなり、下水道管の清掃、点検、修繕や施設の維持管理などにかかる費用は、私たちのお金で賄われています。お金払ってるのだから何やったっていいだろうという話ではなく、下水道を正しく使うことはモラルとして当たり前のことです。一人一人が下水道管を正しく使うことによって、維持管理にかかるコストも削減できますし、同時に地球環境を守ることにもなります。

表 2-3-1 下水道の水質基準

項目	基準値	項目	基準値
温度	45 度未満	溶解性マンガン及びその化合物	10 mg マンガン /L 以下
pH	pH 5 を超え 9 未満	クロム及びその化合物	2 mg クロム /L 以下
BOD	600 mg/L 未満	セレン及びその化合物	0.1 mg セレン /L 以下
SS	600 mg/L 未満	PCB	0.003 mg/L 以下
n- ヘキサン抽出物質	鉱物油 5 mg/L 以下	フェノール類	5 mg/L 以下
	動植物油 30 mg/L 以下	フッ素化合物	15 mg フッ素 /L 以下
ヨウ素消費量	220 mg/L 未満	トリクロロエチレン	0.3 mg/L 以下
窒素	240 mg/ 未満	テトラクロロエチレン	0.1 mg/L 以下
リン	32 mg/L 未満	ジクロロメタン	0.2 mg/L 以下
カドミウム及びその化合物	0.1 mg カドミウム /L 以下	四塩化炭素	0.02 mg/L 以下
シアン化合物	1 mg シアン /L 以下	1,2- ジクロロエタン	0.04 mg/L 以下
有機リン化合物	1 mg /L 以下	1,1- ジクロロエチレン	0.2 mg/L 以下
鉛及びその化合物	1 mg 鉛 /L 以下	シス -1,2- ジクロロエチレン	0.4 mg/L 以下
6価クロム化合物	0.5 mg6 価クロム /L 以下	1,1,1- トリクロロエタン	3 mg/L 以下
ヒ素及びその化合物	0.1 mg ヒ素 /L 以下	1,1,2 -トリクロロエタン	0.06 mg/L 以下
水銀及びアルキル水銀その他の水銀化合物	0.005 mg 水銀 /L 以下	1,3- ジクロロプロペン	0.02 mg/L 以下
アルキル水銀化合物	検出されないこと	チウラム	0.06 mg/L 以下
銅及びその化合物	3 mg 銅 /L 以下	シマジン	0.03 mg/L 以下
亜鉛及びその化合物	5 mg 亜鉛 /L 以下	チオベンカルブ	0.2 mg/L 以下
溶解性鉄及びその化合物	10 mg 鉄 /L 以下	ベンゼン	0.1 mg/L 以下

（下水道法施行令より）

図 2-3-1 汚水処理の流れ

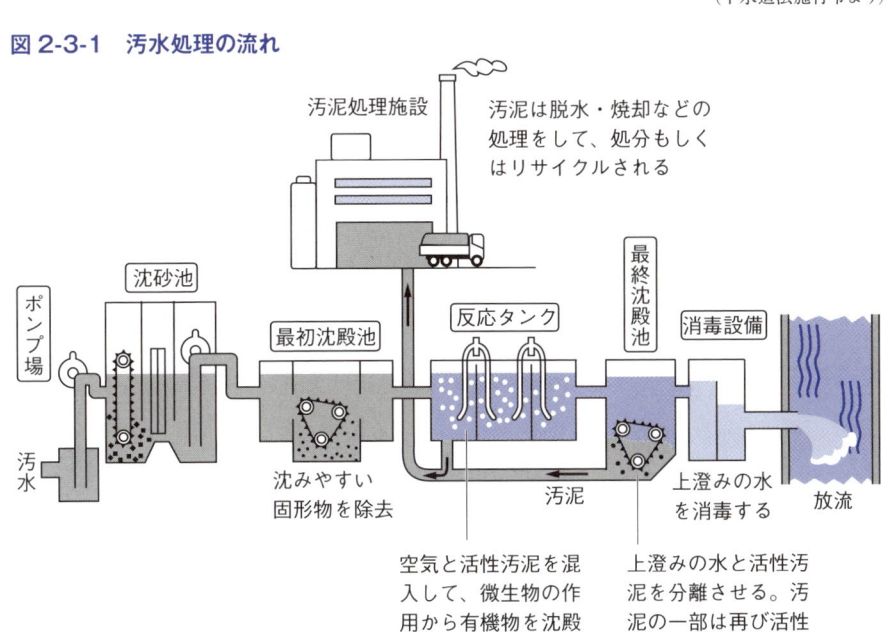

汚泥処理施設
汚泥は脱水・焼却などの処理をして、処分もしくはリサイクルされる

ポンプ場 / 沈砂池 / 最初沈殿池 / 反応タンク / 最終沈殿池 / 消毒設備

汚水

沈みやすい固形物を除去

空気と活性汚泥を混入して、微生物の作用から有機物を沈殿しやすい状態にする

汚泥

上澄みの水と活性汚泥を分離させる。汚泥の一部は再び活性汚泥として使われる

上澄みの水を消毒する

放流

2-4 配水管・下水道管の施工

●配水管の施工

　上水の配水管の代表的なものに「ダクタイル鋳鉄管」や「水道配水用ポリエチレン管」などがあります（図2-4-1）。鋳鉄とは鉄・炭素・ケイ素を含む合金のことで、ダクタイル鋳鉄管は組織中の炭素を球状化することで、昔の鋳鉄管より靭性や耐久性が向上されています。水道配水用ポリエチレン管は高密度ポリエチレン管とも呼ばれ、軽量で、柔軟性や耐食性に優れた配水管です。

　配水管は原則、地中に埋設して布設します。やむをえず露出するような場合は、保温被覆した鋼管による保護管を支持金物などで固定します。

　道路における配水管の埋設深さは、国道や県道では1.2m以上（市道は0.9m以上）、歩道では0.9m以上確保する必要があります。建物の敷地内で車両が通過できる場合は原則0.6m以上、車両の通過や侵入ができない場合は0.45m以上の埋設深さを確保します（図2-4-2）。なお、寒冷地の敷地内などでは0.45mでは凍結する場合もありますので、状況に応じて各地の凍結深度より深く埋設します。

●下水道管の施工

　下水道管には遠心力の作用でつくられた強度の高い鉄筋コンクリート製の「ヒューム管」や、軽量で耐久性、施工性もよい「硬質塩化ビニル管」などがあります（図2-4-3）。下水道管は定められた流速の範囲内で自然に流れていくように勾配がつけられます。流速は汚水管渠で0.6〜3.0m/秒、雨水管渠や合流管渠で0.8〜3.0m/秒となるように排水のルートを計画します。

　下水道管は下流に行くほど水量も多くなっていくので、管径は太くなり、流速、水量は共に安定してくるので、勾配は緩くなります。また、下水道管の要所にはマンホールを設ける必要がありますが、勾配によって埋設深度が深くなりすぎると維持管理が大変になってくるので、ある程度の深さで圧送

管やポンプによって下水を引き上げて、再び排水することになります。

図 2-4-1　配水管

ダクタイル鋳鉄管

（写真提供：朝日鋳工株式会社）

水道配水用ポリエチレン管

（写真提供：クボタシーアイ株式会社）

図 2-4-2　配水管の埋設深さ

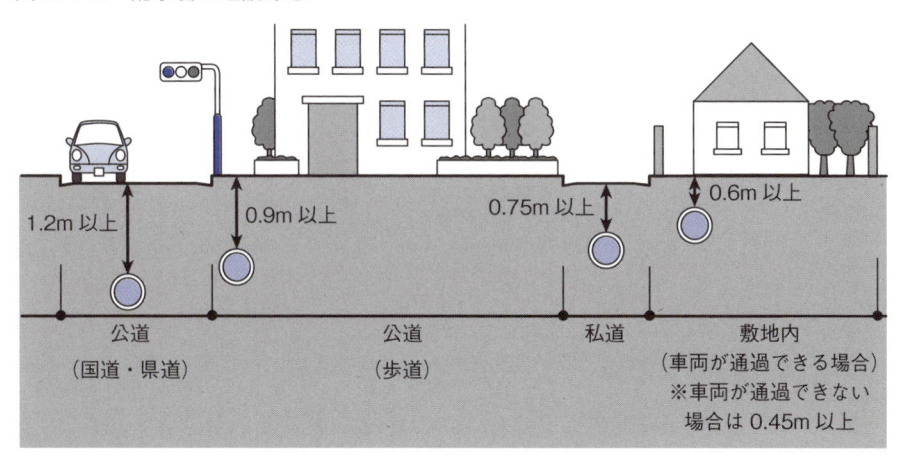

公道（国道・県道）：1.2m 以上
公道（歩道）：0.9m 以上
私道：0.75m 以上
敷地内（車両が通過できる場合）：0.6m 以上
※車両が通過できない場合は 0.45m 以上

図 2-4-3　下水道管

ヒューム管

（写真提供：帝国ヒューム管東日本株式会社）

硬質塩化ビニル管

（写真提供：積水化学工業株式会社）

2-5 浄化槽の設置

●浄化槽とは

　下水道が完備されている場合、汚水は終末処理場できれいにして河川や海に放流されますが、山間部や別荘地などでは下水道が完備されていない場合もあります。このような地域では浄化槽法、建築基準法、廃棄物処理法などの法的規制をクリアしたうえで「浄化槽」を設置します。浄化槽とは終末処理場以外で汚水を適正な水質に処理して放流するための設備です。

　平成13年の法改正以前は、し尿のみを処理する「単独処理浄化槽」の設置が認められていましたが、法改正以降は新規で設置する場合、し尿と雑排水をまとめて処理する「合併処理浄化槽」のみ設置できます。ただし、既存の単独浄化槽の使用は認められています。

　浄化槽は建物の規模や用途、処理対象となる人数などに応じて適切なものを選定します。原則、浄放流水は公共用水域に放流しますが、放流先が確保できない場合、都道府県の指導基準などをクリアしたうえで「浸透枡」から地下浸透させる方法もあります。

●浄化槽（合併処理浄化槽）のしくみ

　図2-5-1に嫌気ろ床接触ばっ気方式の浄化槽の構造と概要を示します。浄化槽内では、酸素がなくても働く「嫌気性菌」と、酸素があるところで活発に働く「好気性菌」に汚濁物質を食べてもらって浄化処理します。

　浄化槽の適正な維持管理を怠ると、微生物が本来の働きをしなくなり、処理能力が低下し、河川、海、周辺土壌を汚染することになります。そのため、保守点検、清掃、水質検査などについての取り扱いルールが浄化槽法で定められています（表2-5-1）。保守点検では浄化槽が正しく機能しているか点検し、汚泥の清掃時期を判定したり、消毒剤の補充などをします。これらの点検は、浄化槽の保守点検業務を行う国家資格を持った浄化槽管理士が行います。

図2-5-1 合併処理浄化槽の構造

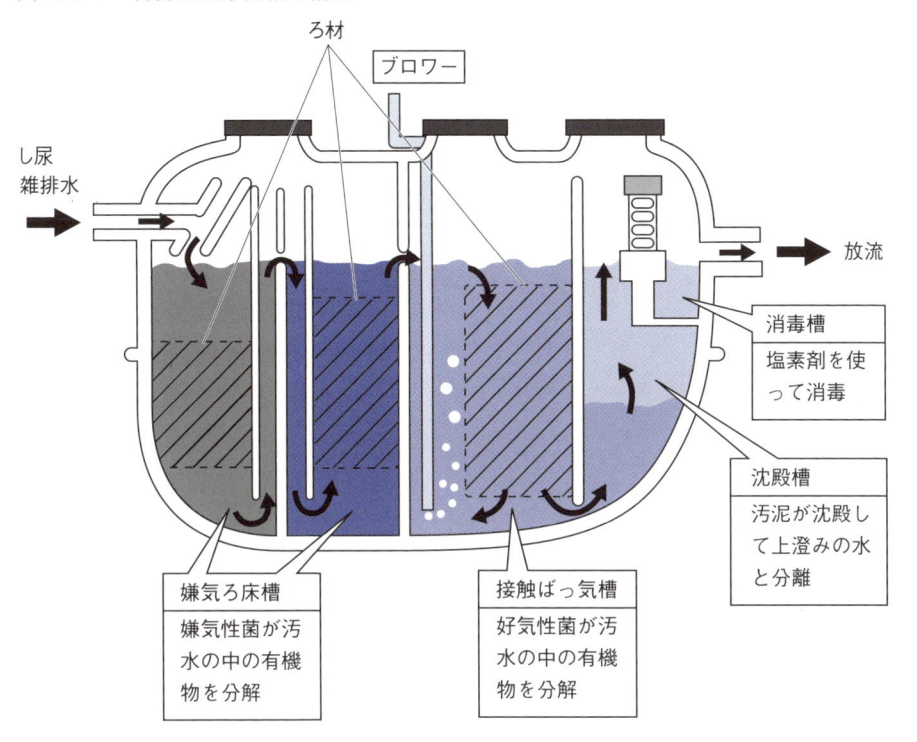

（図中ラベル）
- ろ材
- ブロワー
- し尿雑排水
- 放流
- 消毒槽：塩素剤を使って消毒
- 沈殿槽：汚泥が沈殿して上澄みの水と分離
- 嫌気ろ床槽：嫌気性菌が汚水の中の有機物を分解
- 接触ばっ気槽：好気性菌が汚水の中の有機物を分解

表2-5-1 浄化槽法の概要

法律の目的	浄化槽によるし尿等の適正な処理を図り、生活環境の保全及び公衆衛生の向上に寄与すること
浄化槽の製造	建築基準法令に定める構造基準に伴い、当該構造基準に適していることを国土交通大臣が認定
浄化槽の設置	・工事の技術上の基準　・浄化槽工事業に係る登録（都道府県知事） ・浄化槽設備士の設置
浄化槽の保守点検	・保守点検の技術上の基準（年3回以上の実施）　・浄化槽保守点検業に係る登録（都道府県知事）　・浄化槽管理士の設置
浄化槽の清掃	・清掃の技術上の基準（年1回の実施） ・浄化槽清掃業の許可（市町村長）
浄化槽の検査	・設置後の水質検査（使用開始6か月後から2か月間） ・定期検査（毎年1回）　・都道府県知事が指定した検査機関が実施
浄化槽設置の援助	・国又は地方公共団体は所要の援助等を講ずるよう努める

（環境省資料より）

※浄化槽は一般的に給排水衛生設備に分類され、下水道法上の下水道の施設ではありませんが、広義には下水道設備の一つともいえるので、本書では上下水道設備に含めて解説しています

❗ 日本と世界の水道

　日本で初めて近代水道ができたのは神奈川県横浜市で、1887年（明治20年）のことです。近代水道とは河川などから取り入れた水をろ過し、ポンプで圧力をかけて密閉された導管を通し、衛生的でいつでも使える水を供給する水道施設のことです。それ以前にも近代水道とはいえませんが、水道といえる設備は古くからありました。古代ローマには世界遺産で知られる「ポン・デュ・ガール」のような美しい水道橋がありましたし、日本でも江戸時代には水道がありました。人が暮らすためには水は必要なもので、より多くの人が暮らす都市が栄える条件として水道は欠かせません。

　平成23年度の厚生労働省のデータによると日本の上水道の普及率は全国平均で97.6％、100％の普及率となっているのは東京、大阪、沖縄です。一部山間地域や離島などで普及していない課題がありますが、水質など総合的に判断するとかなり恵まれている国といえます。世界を見るとイギリス、オーストリア、スイス、ノルウェー、スウェーデン、デンマーク、フィンランド、アメリカ、カナダ、オーストラリアなど先進国を中心に100％の普及率の国がありますが、100％の普及率といっても実際には飲料用には適さない場合も多いようです。普及率の悪い国としてはエチオピア24％、カンボジア30％などがあり、発展途上国では飲めない水とわかっていても生きていくために飲むしか選択肢がない人達も少なくありません。水は生きていくうえで欠かせないのと同時に、不衛生になればコレラやチフスなどの感染症の媒体ともなります。日本でも過去に感染症の大流行に苦しめられていた歴史があるので、決して対岸の火事ではありません。いくらでもあるものの例えとして「湯水のごとく」という表現が日本にはありますが、現在の世界の水事情を踏まえると、かなり感覚のずれた表現だといえます。

第3章

給排水・衛生設備

前章の上・下水道設備は建物の外の設備ですが、
本章の給排水・衛生設備は
建物内の水まわりに関する設備です。
建物内の必要な場所に水やお湯を供給し、
建物外へ速やかに排除するための設備です。

3-1 給水方式の選択

●給排水・衛生設備を学ぶ前に

　浄水施設で浄化された水が水道本管を通って、建物の水栓、シャワー、風呂などに届けられ、日本では蛇口をひねれば当たり前のように水やお湯が出てきますが、世界的に見ると、水を求めて何キロも歩いて汲みに行く人達や、決して衛生的とはいえない水を利用している人達もいます。水供給に関するライフラインが整っている国で暮らしていることに感謝したいものです。

●給水方式の分類と給水方式の選択

　給水方式を大きく2つに分けて考えると、水道本管に直結して給水する「直結給水方式」と、水道本管からの水を一旦、受水槽や高置水槽に貯水して給水する「受水槽方式」に分けられます。直結給水方式には「水道直結方式」と「水道直結増圧方式」があり（図3-1-1）、受水槽方式には「高置水槽方式」「ポンプ直送方式」「圧力水槽方式」があります（図3-1-2）。なお、直結給水と受水槽を併用した「直結・受水槽併用方式」もあります。

　給水方式の選択については、建物の規模、用途、所要水量、水圧、イニシャル・ランニングコストなどを検討して選択することになります。

　水道直結方式は、道本管そのものの圧力によって給水する方式で、配水管布設の地上から給水栓の最上部の高さが8m以内で、各給水用具に必要な水圧が確保できる建物に用いられます。一般的な低層階の戸建て住宅で広く採用されている給水方式です。

　受水槽方式は、配水管布設の地上から給水栓の最上部の高さが8mを超える建物や、病院、工場などのように断水時においても給水を必要とする建物、あるいは一時的に多量の水を使う可能性のある建物などで用いられる給水方式です。また、給水方式にはそれぞれ長所・短所があるので、給水方式の選択の際は一考すべきです。

図 3-1-1　直結給水方式

水道直結方式

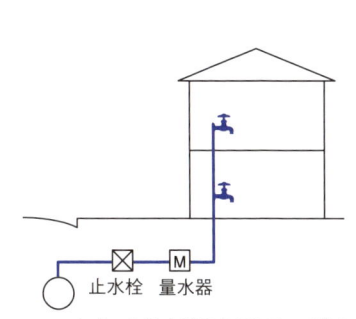

方式：水道本管の水圧によって給水
規模：低層・小規模建物
給水圧力：水道本管の水圧に応じて変化
　　　　　（地域差が大きい）
水質汚染：可能性が最も小さい
断水時：給水不可能
停電時：給水可能

水道直結増圧方式

方式：増圧給水設備によって給水
規模：低中層・中規模建物
給水圧力：ほぼ一定
　　　　　（増圧ポンプの制御必要）
水質汚染：可能性が小さい
断水時：給水不可能
停電時：水道本管の水圧が利用できる低層は給水可能
　　　　（発電機を設置すれば全階可能）

図 3-1-2　受水槽方式

高置水槽方式

方式：高置水槽から重力によって給水
規模：中～大規模建物
給水圧力：ほぼ一定
　　　　　（高層建物の場合、低層階の圧力が大きくなりすぎるため、減圧弁や中間階に水槽が必要）
水質汚染：可能性が最も大きい
　　　　　（水槽が複数あるため）
断水時：受水槽、高置水槽の貯留分は給水可能
停電時：高置水槽の貯留分は給水可能
　　　　（発電機を設置すれば全て可能）

ポンプ直送方式

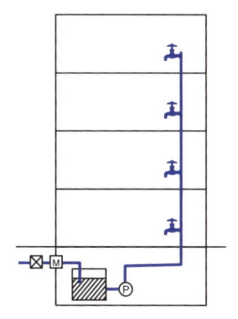

方式：直送ポンプによって給水
規模：中～大規模建物
給水圧力：ほぼ一定
　　　　　（ポンプの制御必要）
水質汚染：可能性は比較的小さい
断水時：受水槽の貯留分は給水可能
停電時：給水不可能
　　　　（発電機を設置すれば可能）

圧力水槽方式

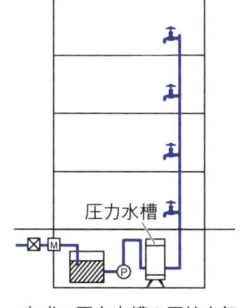

方式：圧力水槽の圧縮空気によって給水
規模：中～大規模建物
給水圧力：圧力水槽の圧力に応じて変化
　　　　　（圧力調整弁を設けないと水圧の変化は大きい）
水質汚染：可能性は比較的大きい
断水時：受水槽の貯留分は給水可能
停電時：給水不可能
　　　　（発電機を設置すれば可能）

3・給排水・衛生設備

3-2 給水量と最低必要水圧の目安

●給水量の目安

　建物の種類によって給水量の目安は異なります。表3-2-1に代表的な建物の単位給水量、使用時間、人員の目安を示します。

　用途別の1日1人当たりの使用水量の目安としては、飲用に1L、洗面に20L、炊事用に35L、トイレに50L程度といわれています。ただし、トイレについては、旧来型の大便器と近年の超節水型の大便器では1回当たりの使用水量に大きな差があります。メーカーや年式によりさまざまですが、旧来型では概ね、1回当たり14L程度の水が使われていましたが、近年の超節水型では4L程度に抑えられる製品もあります。

●最低必要水圧の目安

　高置水槽方式は高低差よって水圧を確保する特性上、建物の最上階にある給水器具で最低必要水圧を確保しなければなりません。高低差1mは約0.01MPa（メガパスカル）の水圧に相当します。なお、一般水栓では0.03MPa、ガス瞬間湯沸器では0.03～0.05MPa、洗浄弁やシャワーでは0.07MPaが最低必要水圧といわれています。水圧には管径や、管の長さ、曲がりなどによる水が受ける圧力損失も関係しますので、一概にはいえませんが、高置水槽方式の最上階で洗浄弁やシャワーの0.07MPaの水圧を確保するには、概ね7m程度の高低差が必要になります。

　水圧が低いと、さまざまな問題が出てきます。大便器の汚物がきれいに流れないなどということもあるでしょう。シャワーの水圧が弱いと浴びている気がしませんし、場合によっては水圧不足から給湯が不着火となり、お湯が出ないということもあります。マンションの最上階などは眺めもよく人気ですが、高置水槽方式のマンションの最上階に引っ越すようなときは、念のため水圧のチェックも忘れないようにしたいものです。

表 3-2-1　建物種類別単位給水量

建物種類	単位給水量 （1日当り）	使用時間 [h/日]	注　記	有効面積当り の人員など	備　考
戸建て住宅	200~400ℓ/人	10	居住者1人当り		
集合住宅	200~350ℓ/人	15	居住者1人当り	0.16人/m²	
独身寮	400~600ℓ/人	10	居住者1人当り	0.16人/m²	
官公庁・事務所	60~100ℓ/人	9	在勤者1人当り	0.2人/m²	男子50ℓ/人、女子100ℓ/人、社員食堂・テナントなどは別途加算
工場	60~100ℓ/人	操業時間＋1	在勤者1人当り	座作業 0.3人/m² 立作業 0.1人/m²	男子50ℓ/人、女子100ℓ/人、社員食堂・シャワーなどは別途加算
総合病院	1500~3500ℓ/床 30~60ℓ/m²	16	延べ面積1m²当り		設備内容などにより詳細に検討する
ホテル全体	500~6000ℓ/床	12			同上
ホテル客室部	350~450ℓ/床	12			客室部のみ
保養所	500~800ℓ/人	10			
喫茶店	20~35ℓ/客 55~130ℓ/店舗m²	10		店舗面積にはちゅう房面積を含む	ちゅう房で使用される水量のみ便所洗浄水などは別途加算
飲食店	55~130ℓ/客 110~530ℓ/店舗m²	10		同上	同上 定性的には、軽食・そば・和食・洋食・中華の順に多い
社員食堂	25~50ℓ/食 80~140ℓ/食堂m²	10		同上	同上
給食センター	20~30ℓ/食	10			同上
デパート・スーパーマーケット	15~30ℓ/m²	10	延べ面積1m²当り		従業員分・空調用水を含む
小・中・普通高等学校	70~100ℓ/人	9	（生徒＋職員）1人当り		教師・職員分を含む。プール用水（40~100ℓ/人）は別途加算
大学講義棟	2~4ℓ/m²	9	延べ面積1m²当り		実験・研究用水は別途加算
劇場・映画館	25~40ℓ/m² 0.2~0.3ℓ/人	14	延べ面積1m²当り 入場者1人当り		従業員分・空調用水を含む
ターミナル駅	10ℓ/1000人	16	乗降客1000人当り		列車給水・洗車用水は別途加算
普通駅	3ℓ/1000人	16	乗降客1000人当り		従業員分・多少のテナント分を含む
寺院・教会	10ℓ/人	2	参会者1人当り		常住者・常勤者分は別途加算
図書館	25ℓ/人	6	閲覧者1人当り	0.4人/m²	常勤者分は別途加算

注 1）単位給水量は設計対象給水量であり、年間1日平均給水量ではない。
　 2）備考欄に特記のないかぎり、空調用水、冷凍機冷却水、実験・研究用水、プロセス用水、プール・サウナ用水などは別途加算する。
　 3）数多くの文献を参考にして表作成者の判断により作成。

（㈳空気調和衛生工学会『空気調和衛生工学便覧第14版』より）

3．給排水・衛生設備

3-3 給水ポンプの設置

●ポンプの種類と役割

　電動機（モータ）で水に遠心力を与えて、建物の高い所や遠くへ水を運ぶ機械がポンプです。水を高所へ汲み上げるポンプのことを総じて「揚水ポンプ」といい、代表的なものに「うず巻きポンプ」があります（図3-3-1）。うず巻きポンプには羽根車を持つ「ボリュートポンプ（図3-3-2）」、羽根車と案内羽根を組み合わせた「タービンポンプ（図3-3-3）」、羽根車を複数に組み合わせた「多段タービンポンプ」があります。吐出圧力はボリュートポンプ＜タービンポンプ＜多段タービンポンプの順に高くなり、これら揚水ポンプは建物内の給水に活躍します。高置水槽方式の1階や地下の受水槽から屋上の高置水槽に水を汲み上げたり、消火活動を行う消防用ポンプとしても使われます。

●キャビテーションとは

　地上の水は1気圧で100℃で沸騰するのが常識ですが、例えば、富士山の山頂（3776m）では約87℃、エベレストの山頂（8850m）では約70℃が水の沸点といわれています。どんどん高度を上げていくと気圧は下がり、沸点も下がっていきます。圧力を下げたことにより沸騰する現象を「減圧沸騰」といいますが、ポンプの内部や配管内でも、この減圧沸騰が起こりえます。水の流れの方向が急激に変化したり、流水管路の形状が急激に変化したりすると、局部的に低圧な部分が生まれ減圧沸騰し、水が気化して泡が発生します。このような現象のことを「キャビテーション」といいます（図3-3-4）。

　キャビテーションがポンプ内で発生するとポンプは空回りしたような状態になり、運転していても揚水量が減少したり、場合によって揚水しないこともあります。騒音、振動、異常発熱の原因にもなり、キャビテーション起因による機器の損傷や浸食の恐れもあります。キャビテーションを起こさせないことがポンプを正しく使ううえで重要となります。

図 3-3-1　うず巻きポンプの種類

うず巻きポンプ ─┬─ ボリュートポンプ
　　　　　　　　└─ タービンポンプ
　　　　　　　　　　　└─ 多段タービンポンプ

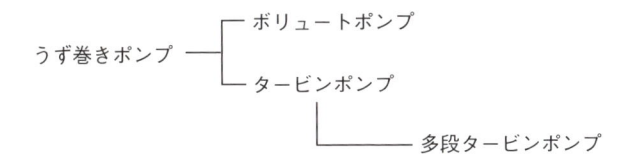

図 3-3-2　ボリュートポンプ

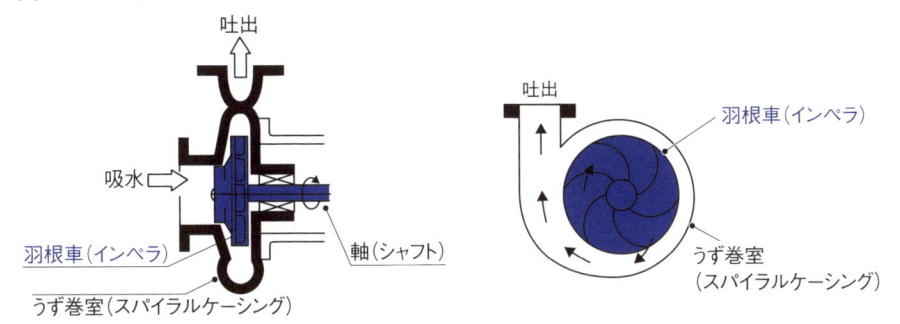

（吐出／吸水／羽根車（インペラ）／軸（シャフト）／うず巻室（スパイラルケーシング）／うず巻室（スパイラルケーシング））

図 3-3-3　タービンポンプ

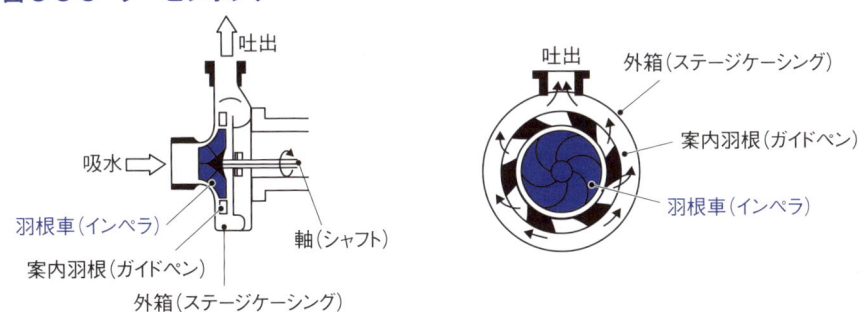

（吐出／吸水／羽根車（インペラ）／案内羽根（ガイドベン）／外箱（ステージケーシング）／軸（シャフト）／外箱（ステージケーシング）／案内羽根（ガイドベン）／羽根車（インペラ））

図 3-3-4　キャビテーション

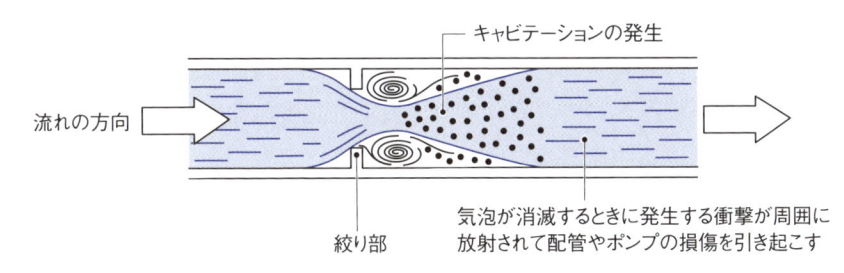

流れの方向／絞り部／キャビテーションの発生／気泡が消滅するときに発生する衝撃が周囲に放射されて配管やポンプの損傷を引き起こす

3・給排水・衛生設備

3-4 貯水槽の設置と維持管理・メンテナンス

●貯水槽の設置

　建物内に水を貯めておく受水槽や高置水槽などのことを貯水槽といいます（図3-4-1）。高置水槽方式の受水槽は一般に、1日の使用水量の約半分程度、高置水槽は1日の使用水量の1/10程度の容量が目安とされますが、近年、節水意識の高まりや、飲料水を購入する人が増え、水道水を飲用としない傾向もあり、受水槽の容量は40％程度で計画される場合が多くなっています。

　貯水槽の周囲は保守点検を行うためのスペースが必要になります。その他、貯水槽から給水管への逆流を防止するための「吐水口空間」、排水管から貯水槽への汚水の逆流を防止するための「排水口空間」を設けるなど、特に衛生面に配慮した設置・構造にするよう法規制されています。

●貯水槽の維持管理・メンテナンス

　貯水槽の有効容量が10㎡を超えるものは「簡易専用水道」、10㎡以下のものは「小規模貯水槽水道」といわれ、簡易専用水道は水道法で維持管理することを義務付けられ、小規模貯水槽水道についても条例により設置者は自主管理に努めなければなりません（図3-4-2）。管理基準を要約すると、①最低、年1回の定期清掃を行うこと。②有害物や汚水などによって汚染されるのを防止するために必要な措置を講じ、点検を行うこと。③水質検査を行うこと。水の色、濁り、臭い、味などに異常を感じたら水質検査を行うこと。④供給する水が人の健康を害する恐れがあることを知ったときは、直ちに給水を停止し、危険である旨を関係者に周知させること。などが規定されています。

　貯水槽の実際の維持管理・メンテナンスについては、専門的な知識や衛生面などの配慮が肝心なので、ビル管理会社などに委託して「建築物飲料水水質検査業」や「建築物飲料水貯水槽清掃業」などの登録を受けた外注の専門業者が行うのが一般的です。

図 3-4-1　貯水槽の構造

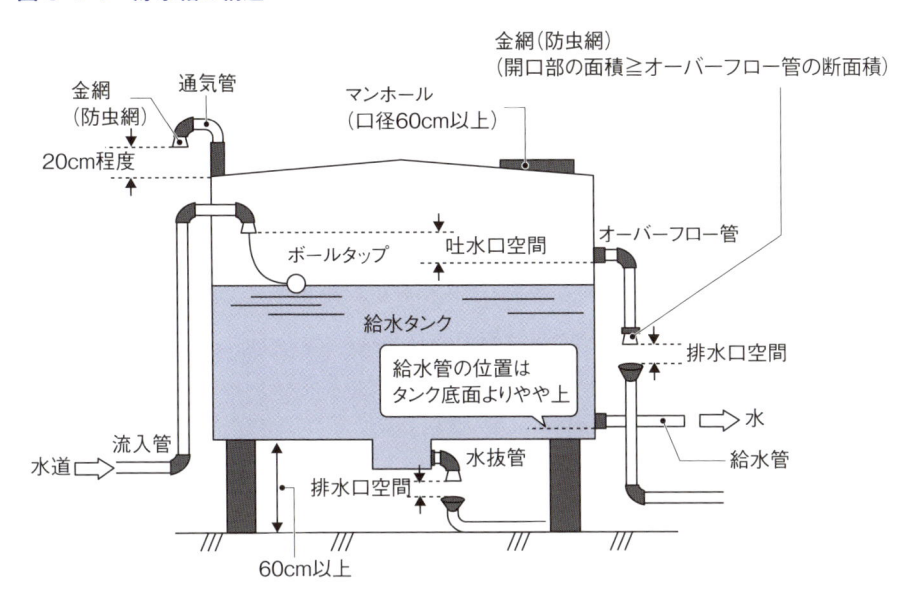

図 3-4-2　受水槽の維持管理のポイント

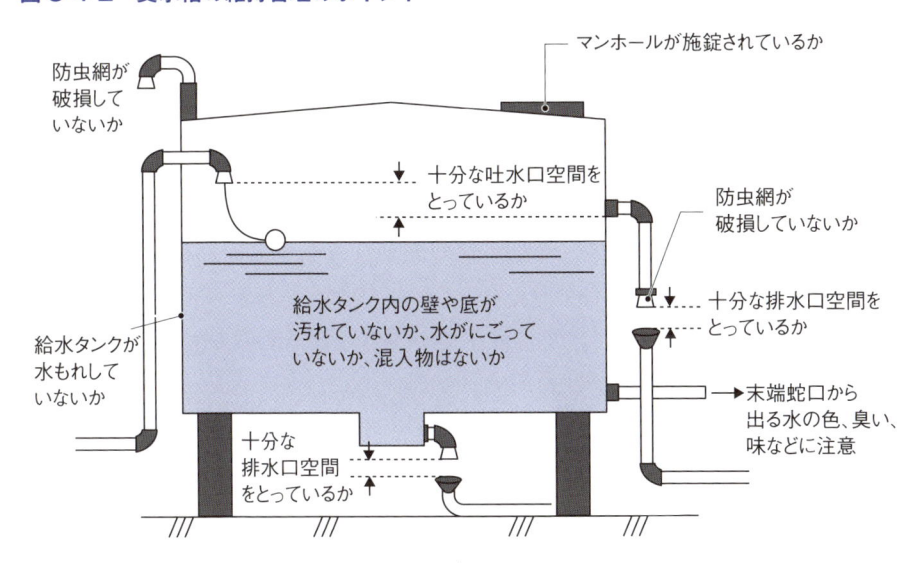

3・給排水・衛生設備

3-5 給水・給湯管の種類

●給水・給湯に使われる配管材料

　さまざまな配管材料がありますが、給水・給湯管の代表的なものに「塩化ビニル管」「塩ビライニング鋼管」「ポリエチレン粉体ライニング鋼管」「銅管」「ステンレス管」「合成樹脂管」などがあります（表3-5-1）。

　塩化ビニル管（通称：塩ビ管）の一般特性としては、赤錆の心配がなく、耐食性・耐薬品性に優れ、軽量で施工性に優れています。代表的な給水管にHIVP管、給湯管にHTVP管があります。塩ビライニング鋼管は、基材となる炭素鋼鋼管の内部の腐食などを防ぐために硬質塩化ビニルの被覆を施したものです。一般給水用としてはSGP-VA、SGP-VB管があります。地中埋設用としてはSGP-VD管があり、鋼管の外部にも腐食を防ぐ硬質塩ビの被覆がされています（図3-5-1）。塩ビやポリエチレン粉体のライニング鋼管の特性としては、耐衝撃性・耐圧性に優れ、耐食性・耐薬品性などの特性も併せ持っています。

●配管継手とバルブ

　配管は施工上、曲げたり分岐させたりすることになります。配管どうしの接続には「配管継手」が使われ、ソケット・エルボ・チーズなどさまざまな継手があります（図3-5-2）。また、水の流れを遮断するための「仕切り弁」「玉形弁」、水の逆流を防ぐ「逆止弁」「フート弁」などのバルブ類も管路に必要です（図3-5-3）。これら配管継手やバルブと配管の接続には注意が必要です。旧来の継手やバルブは内部でネジ部分の鋼材が上水と接している構造のものがあり、ライニング鋼管を使用しているのに赤錆が出たり、接続部の腐食による漏水や破損の事例が報告されました。このような問題を解決するため、ネジ部分への水の浸食を防ぐために樹脂製の保護材で包んだ「コア内蔵継手」や「コア内蔵バルブ」が開発され、現在、主流となっています（図3-5-4）。

表 3-5-1　給水・給湯管の種類

名称	管の種類	用途
塩化ビニル管（塩ビ管）		
水道用耐衝撃性硬質ポリ塩化ビニル管	HIVP	給水
水道用耐熱性硬質ポリ塩化ビニル管	HTVP	給湯
塩ビライニング鋼管		
水道用硬質塩ビライニング鋼管	SGP－VA	給水
	SGP－VB	給水
	SGP－VD	給水
水道用耐熱性硬質塩ビライニング鋼管	SGP－HVA	給湯
ポリエチレン粉体ライニング鋼管		
水道用ポリエチレン粉体ライニング鋼管	SGP－PA	給水
	SGP－PB	給水
	SGP－PD	給水
銅管		
水道用銅管	CUP	給水・給湯
ステンレス管		
水道用ステンレス鋼管	SUS	給水・給湯
合成樹脂管		
架橋ポリエチレン管	PE	給水・給湯
ポリブテン管	PB	給水・給湯

3・給排水・衛生設備

図 3-5-1　水道用硬質塩ビライニング鋼管の構造

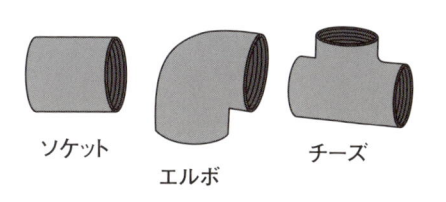

SGP-VA：配管用炭素鋼鋼管／接着剤／硬質塩化ビニル／防錆塗装
SGP-VB：水道用亜鉛めっき鋼管／接着剤／硬質塩化ビニル
SGP-VD：硬質塩化ビニル／配管用炭素鋼鋼管／接着剤

図 3-5-3　バルブの種類

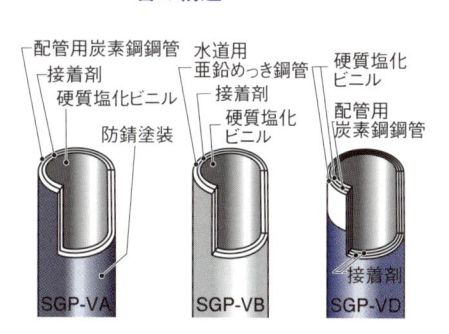

玉形弁　逆止弁
弁（上下する）
水　水　弁

図 3-5-2　配管継手の種類

ソケット　エルボ　チーズ

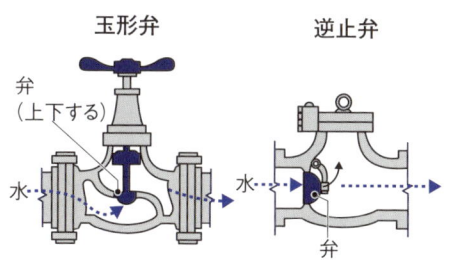

図 3-5-4　コア内蔵継手

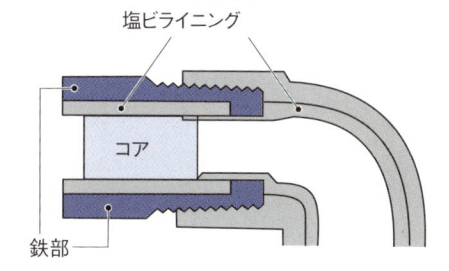

塩ビライニング／コア／鉄部

3-6 排水設備のしくみと排水管材料

●排水設備のしくみ

　下水道は市町村で所有する公共下水道の部分と個人所有の排水設備に区分されます。汚水の上流側から見て「公共枡」までは個人所有の排水設備、公共枡以降は公共下水道の扱いとなります（図3-6-1）。つまり、建物内の衛生器具や排水管はもちろん、建物の外でも敷地内の排水管や汚水・雨水枡などは個人で設置・維持管理しなければならない部分となります。

　汚水の配管ルートは、上階の衛生器具からの汚水が「排水横枝管」を通って「排水立て管」で最下階の「排水横主管」に送られ、排水横主管から公共枡へ集められます（図3-6-2）。雨水については「雨水排水立て管」を通って雨水枡へ集められるしくみになっています。

　敷地内の排水設備では速やかに汚水を排除しなければなりません。スムーズに排水するためには勾配が必要です。管径によって勾配は変わってきます。排水管径・勾配について表3-6-1、表3-6-2に示します。排水管の接続のポイントとしては、下流方向の管径が上流の管径よりも小さくなるような接続は、汚物や異物の詰まりの原因になるので、ありえないということを覚えておくとよいかと思います。

●排水管の種類

　排水管にはさまざまなものがあります。塩ビ管類のものでは耐食性に優れた「硬質ポリ塩化ビニル管（薄肉管）」や「水道用硬質ポリ塩化ビニル管」。鋼管類のものでは、通称ガス管といわれる耐熱性に優れた「配管用炭素鋼鋼管」。硬質塩化ビニル管の内管に鋼管の外管を施し、鋼管の耐熱性と塩ビ管の耐食性を兼ね備えた「排水用硬質ビニルライニング鋼管（図3-6-3）」。硬質塩化ビニル管の内管に繊維モルタルの外管を施し、遮音性・耐食性・耐火性に優れ、吸水性があることから結露にも強い「耐火二層管」などがあります。

図 3-6-1　排水設備と公共下水道

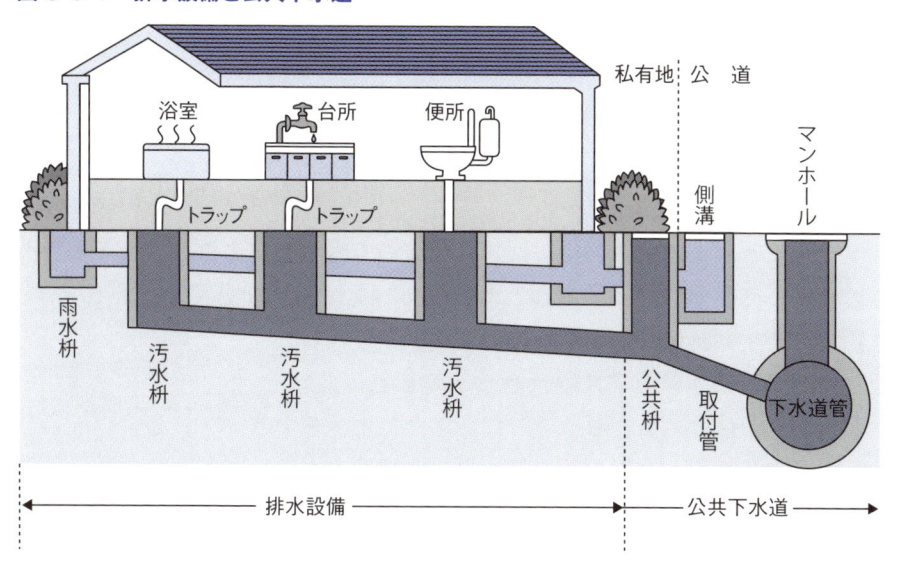

図 3-6-2　汚水の配管ルート

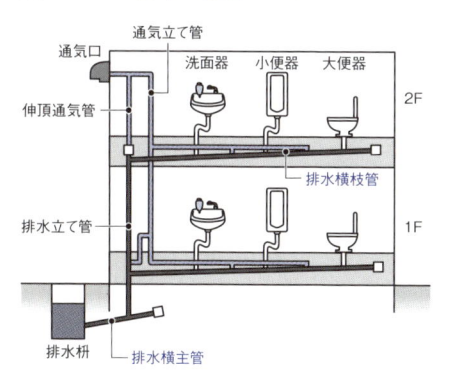

表 3-6-1　排水管の管径

器具	トラップの最小口径 (mm)	器具配水管の最小口径 (mm)
大便器	75	75
小便器	40~50	40~50
洗面器	30	40~50
住宅用浴槽	40	40~50
洗濯用流し	40	40~50
料理場流し	40	40~50

図 3-6-3　排水用硬質ビニルライニング鋼管

表 3-6-2　排水管の勾配

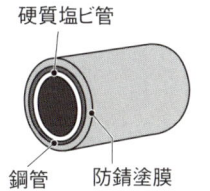

管径 (mm)	勾配
65 以下	最小　1/50
75, 100	最小　1/100
125	最小　1/150
150 以上	最小　1/200

3-7 トラップと破封

●トラップの役割と種類

　トラップとは排水管路の途中に封水を溜めて管路を塞ぐことで、下水道からの臭気、衛生害虫、ねずみなどが建物へ侵入するのを防ぐ役割をします。建物内の衛生器具にはなんらかのトラップが付けられています。例えば、洗面器などでは排水管をアルファベットの形状に曲げた「Sトラップ」や「Pトラップ」が付けられ、キッチンのシンクでは「椀トラップ」といい、手を入れて掃除しやすいお椀をひっくり返した構造のトラップが付けられています（図3-7-1）。他にも業務用の厨房からの油脂を含んだ排水をせき止める「グリーストラップ（図3-7-2）」、ガソリンスタンドや駐車場などの引火の危険性があるオイルを含んだ排水をせき止める「オイルトラップ」などがあります。なお、トラップは器具に対して1つ付けられ、念には念を入れて2つ付けても水が流れにくくなってしまい逆効果です。二重トラップは禁止されています。

●封水の破壊（破封）

　トラップ内の封水がなんらかの作用によって少なくなってしまい、排水管内の空気が室内側に逆流する状態を「破封」といいます。図3-7-3で示すように破封の原因としては、「蒸発」「自己サイホン現象」「吸出し作用」「はね出し作用」「毛細管現象」などがあります。
　トイレの大便器にはフタが付いていますが、用を足した後フタを閉め忘れる人もいます。トイレのフタは意味があるのでしょうか？　もちろん見た目や衛生面の観点からも必要ですが、便器の保温による節電効果、封水の凍結防止、封水の蒸発防止などさまざまな面でフタには意味があります。特に長期間、家を不在にするようなときは、封水が蒸発してしまい、帰ってきたときには部屋中に悪臭が漂っているということにならないように、トイレのフタの閉め忘れに注意したいものです。

図 3-7-1　トラップの種類

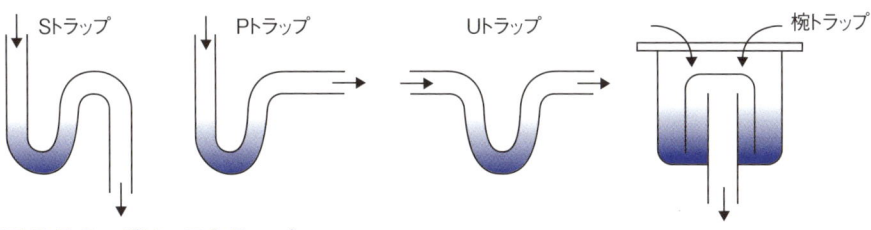

Sトラップ　Pトラップ　Uトラップ　椀トラップ

図 3-7-2　グリーストラップ

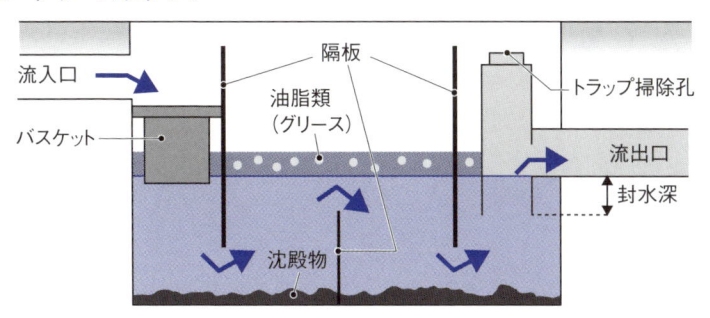

流入口／バスケット／隔板／油脂類（グリース）／トラップ掃除孔／流出口／封水深／沈殿物

図 3-7-3　破封の原因

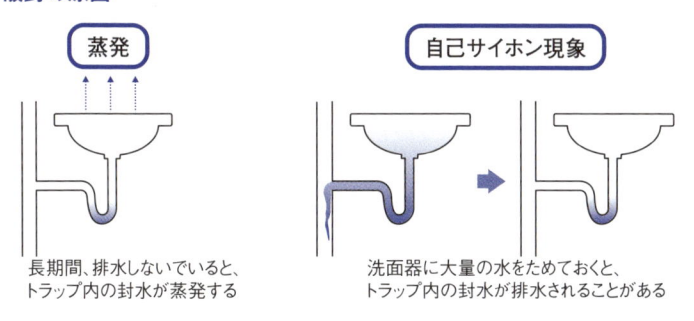

蒸発
長期間、排水しないでいると、トラップ内の封水が蒸発する

自己サイホン現象
洗面器に大量の水をためておくと、トラップ内の封水が排水されることがある

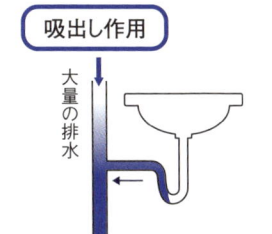

吸出し作用
排水縦管の近くにトラップを設置すると、縦管に大量の排水があったとき、トラップ内の封水が一緒に排水されることがある

はね出し作用
排水縦管の近くに横走り管が短いトラップを設置すると、縦管に大量の排水があったとき、トラップ内の空気と封水が噴出することがある

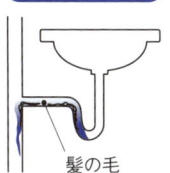

毛細管現象
トラップ内に髪の毛など繊維状のものが垂れ下がると、トラップ内の封水が昇っていき排水されることがある

3-8 排水枡と排水槽の設置

●インバート枡と雨水枡

　建物内の汚水や雨水を公共下水道に導く管路の途中で、ゴミや汚泥が管に詰まるようなことも考えられます。地中に埋設された排水管をいちいち掘り起こして点検したりするのは現実的ではありませんので、排水管の点検や清掃・維持管理をしやすくするために排水枡を設けます。排水枡は排水管が合流する所や、勾配が変わるところなどに設けられます。つまり、排水管に詰まりが生じやすい要所に排水枡を設けるので、そこが点検・維持管理がしやすければ、排水管路のトラブルのリスクも軽減されることになります。

　排水枡には、枡の底部の溝に沿って汚水が滞留しないで流れる構造になっている汚水排水用の「インバート枡」や、泥などが枡の底部に溜まる構造になっている雨水排水用の「雨水枡」などがあり、塩ビ製のものやコンクリート製のものがあります（図3-8-1）。いずれの枡もマンホールのフタを1か月ごとに開けて点検・清掃などをして、排水管路の保守管理に努めなければなりません。

●排水槽の設置

　地上階の汚水排水は適切な勾配によって公共下水道に導かれますが、地下階で汚水が排水される建物では、枡まで勾配で排水することができません。このような建物では地下階に「汚水排水槽」や「雑排水槽」などを設け、一旦、排水を貯めて専用ポンプで排水枡まで引き上げます（図3-8-2）。

　排水槽については建物の地下階に設ける構造上、湿気がこもりやすく、衛生管理を怠ると蚊やその他衛生害虫の格好の住処となってしまうので、1か月ごとに浮遊物や沈殿物、臭いや衛生害虫の有無などを点検し、6か月ごとに清掃することが法令上定められています。排水槽では衛生面の徹底管理と、衛生環境を維持するうえで大切な換気やポンプなど関連設備の機能面の管理もあわせて重要となります。

図 3-8-1　排水枡

インバート枡

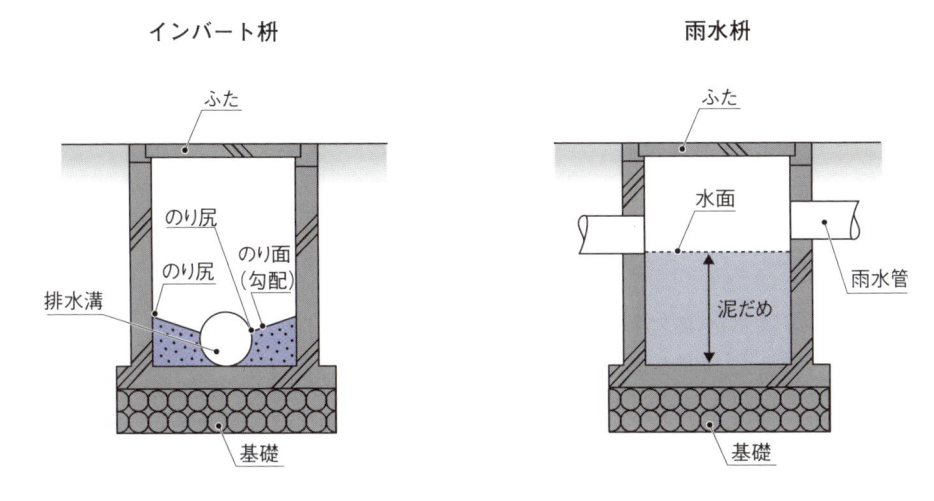

- ふた
- のり尻
- のり面（勾配）
- のり尻
- 排水溝
- 基礎

雨水枡

- ふた
- 水面
- 雨水管
- 泥だめ
- 基礎

図 3-8-2　排水槽

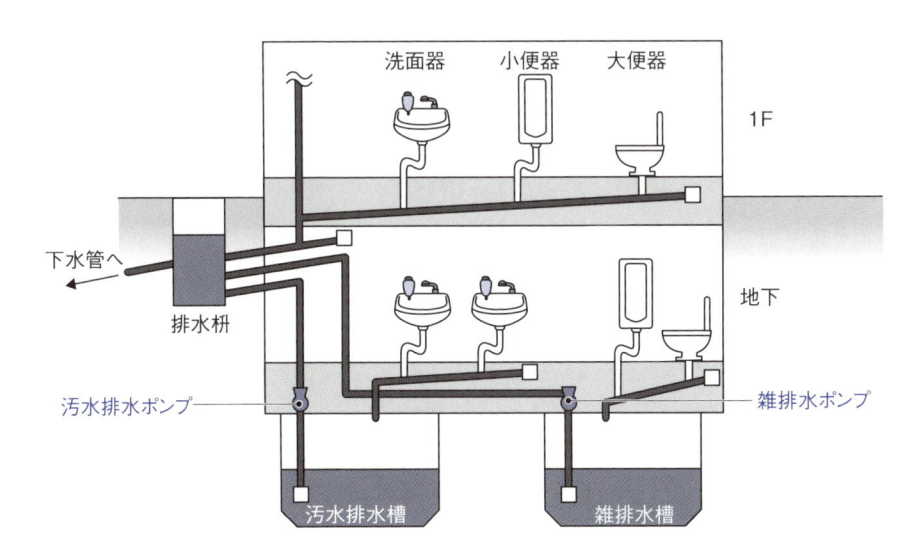

- 洗面器
- 小便器
- 大便器
- 1F
- 下水管へ
- 排水枡
- 地下
- 汚水排水ポンプ
- 雑排水ポンプ
- 汚水排水槽
- 雑排水槽

3・給排水・衛生設備

3-9 排水管の維持管理・メンテナンス

●排水管の清掃

　建物外での排水管は枡からの点検・清掃が主となりますが、建物内の排水管については要所に「掃除口」を設けて清掃します（図3-9-1）。掃除口の設置位置は、排水横主管や横枝管の起点となる所や、排水管が方向を変える所、長い排水横管の途中などに設置して、排水管が詰まるなどのトラブル時に対応できるようにします。掃除の方法としては、掃除口や衛生器具の排水口から排水管の形状に合わせて自在に変形するフレキシブルワイヤーの先端にブラシ型のヘッドなどを付けて管に挿入して掃除する方法、専用のノズルから高圧の洗浄水を噴射させて清掃する方法、専用の洗浄剤で毛髪や油詰まりなどを溶かして流す方法などさまざまです。なお、排水管内部の閉塞状況や劣化の状況などは、外から見て判断が難しく、このような場合は「内視鏡」による検査などで配管内部を点検することが可能です（図3-9-2）。

●排水管を詰まらせないための心掛け

　排水管を詰まらせないためには、詰まる原因となるものを流さないのが原則ですが、意外と簡単な日常の心掛けで、そのトラブルのリスクを軽減できます。例えば、トイレには「トイレットペーパー以外は流さない」などの掲示をして注意喚起する、各種衛生器具のトラップ清掃をまめに行う、各種衛生器具の排水口には「目ざら」を付けて排水管へのゴミや毛髪などの流入を未然に防ぐ、雨水排水については、雨樋の清掃、ベランダや屋上のルーフドレンの清掃をまめに行うなどです。また、排水管系統には排水の流れをスムーズにする「通気管」がありますが、この通気管は「ベントキャップ」で外気を取り入れることでその役割を果たします。ベントキャップ部分に詰まりがあると各種排水管のスムーズな排水ができなくなるので、ベントキャップの清掃も怠ってはいけません。

図 3-9-1　掃除口

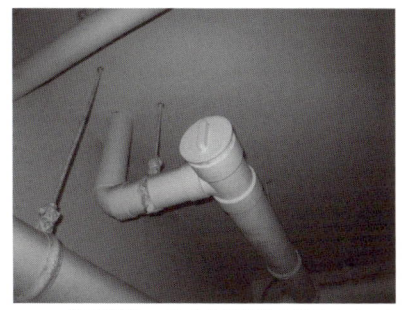

（写真提供：株式会社広島水道センター）

図 3-9-2　排水管の清掃方法

フレキシブルワイヤーによる清掃

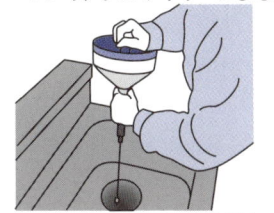

フレキシブルワイヤーにブラシ型や
スクリュー型のヘッドを付けて、排水管に挿入

高圧洗浄による清掃

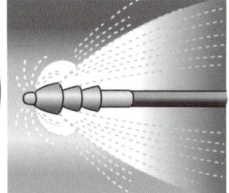

フレキシブルホースやステンレスワイヤーホースを
排水管に挿入し、ノズルから高圧の洗浄水を噴射

洗浄剤による溶解

洗浄剤を排水管にそそぎ、
毛髪、野菜くず、油詰まりを溶かす

衝撃波による清掃

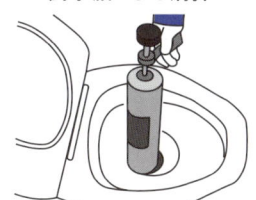

衝撃波を送る清掃機で
排水管内の障害物を除去

内視鏡による検査

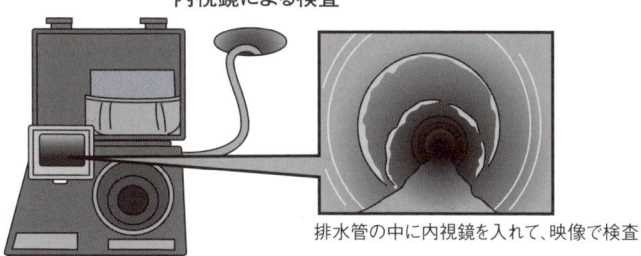

排水管の中に内視鏡を入れて、映像で検査

3-10 給湯方式と給湯温度・給湯量の目安

●局所式と中央式

　建物の給湯方式を大きく分けると「局所式」と「中央式」に分けられます（図3-10-1）。本来、局所式というとキッチン、厨房、事務所ビルの給湯室などで必要箇所に小型給湯器を設置してお湯を供給する方法ですが、現在では給湯器の性能も上がり、戸建て住宅などでは1台の給湯器でキッチン、浴室、洗面などに給湯をまかなうようになり、使い方としては局所式というより後述する中央式のような使い方になってきています。ただし、給湯量に限りがあるので、ある程度、用途・規模は限定されます。局所式のメリットとしては比較的メンテナンスが容易で省スペースです。

　中央式は機械室やボイラ室など1箇所に置かれた熱源機でつくったお湯を必要箇所に供給する大規模な建物で利用される給湯方式です。行きと帰りの2本の配管でお湯が常に循環しているのが局所式との大きな違いで、局所式では蛇口をひねってお湯が出るまで時間のロスがありますが、中央式ではすぐにお湯が出ます。

●給湯温度・給湯量の目安

　給湯の使用温度の目安を図3-10-2に示します。中央式の給湯方式については給湯を循環させているため「レジオネラ菌」の発生を防ぐ意味もあり、原則60℃〜70℃程度の給湯温度でお湯を供給し、給湯出口の混合水栓で水と混ぜて温度調節して使うのが一般的です。ただし、給湯温度が高すぎると火傷などの恐れもあるので、60℃とするのが一般的な給湯温度です。

　給湯量については実務的には使用人数、器具数、用途、規模などによって算定され、それに見合った機器類を選定することになります。なお、一般的な家庭で1日1人当たりの給湯量の目安としては、浴槽に200L、シャワーに50L、洗面・炊事に各10L程度といわれています。

図 3-10-1　給湯方式

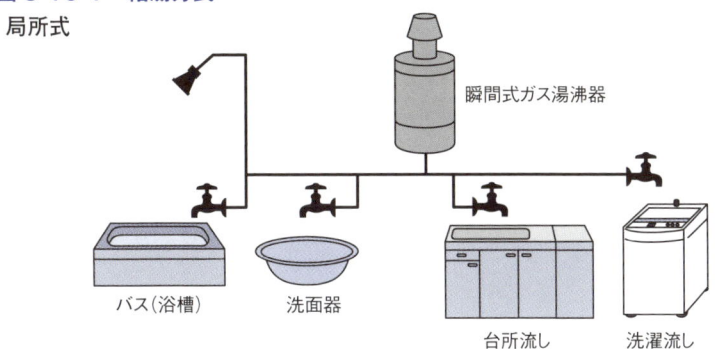

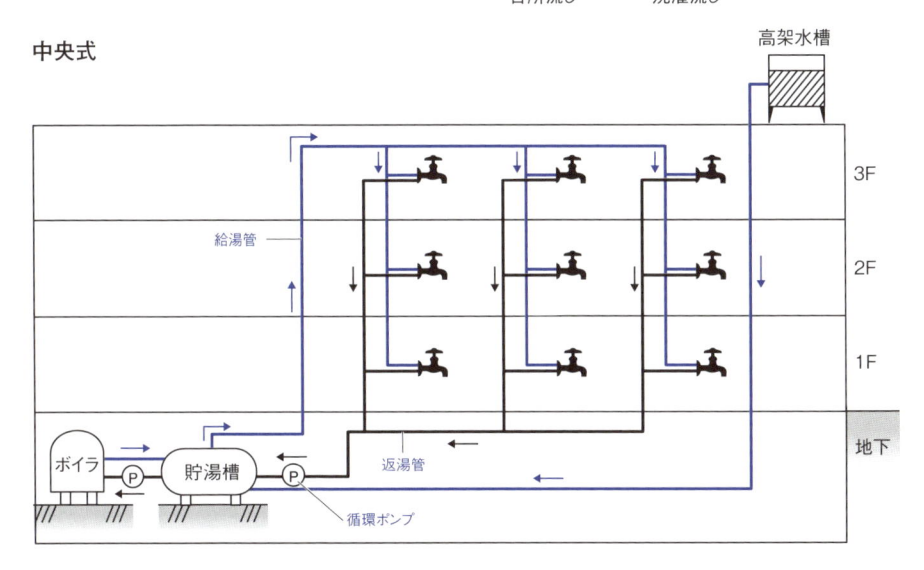

局所式

中央式

図 3-10-2　レジオネラ菌

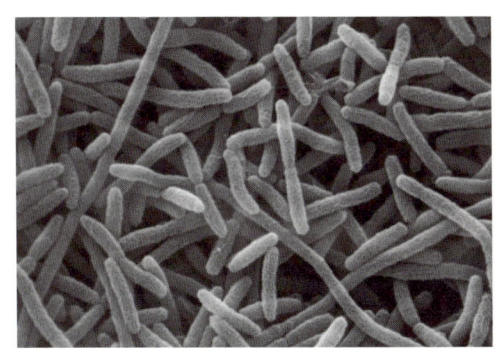

自然界の土壌や水中に存在する菌で、レジオネラ肺炎やポンティアック熱の原因となる。26℃前後で増殖が始まり、36℃前後で最もよく繁殖する。50℃程度までは生息できるが、60℃以上で死滅する

（写真提供：大阪府立公衆衛生研究所）

3-11 熱源機器の種類

●給湯に使われる熱源機器

　給湯用に使われる熱源機器にはさまざまなものがあり、規模や用途に応じて選定します。熱源機器には「ガス瞬間湯沸器」「貯湯式電気温水器」「ボイラ」などがあります。また、7章で紹介する太陽熱温水器・コージェネレーション・地域冷暖房なども給湯の熱源として利用されます。

　ガス瞬間湯沸器は局所式で使われる代表的な熱源機器です（図3-11-1）。湯沸器には能力を示す号数の表示がありますが、1Lの水を1分間に25℃上昇させる能力を1号としています。170ページのエコジョーズのように従来の製品と比較して省エネ型の製品もあります。

　貯湯式電気温水器は割安な深夜電力を利用してお湯をタンクに貯めておき、必要なときに使う設備です。タンク容量は概ね、1人暮らしのワンルームマンションで150L、3〜4人家族で370L、5〜7人家族で550L程度の容量が必要です。貯湯式電気温水器は簡単に説明すると巨大な電気ポットのような構造で、電気ヒータで水を加熱します（図3-11-2）。省エネ型の温水器には170ページで紹介するエコキュートがありますが、こちらはヒートポンプの原理で（図4-5-1参照）で水を加熱しています。

　ボイラはガスや重油などを燃料にして水に熱を加え、蒸気や温水をつくり出す熱源機器のことです。分類としては「水管ボイラ」「丸ボイラ」「鋳鉄セクショナルボイラ」がありますが、ここでは丸ボイラの一つである「炉筒煙管ボイラ」と「鋳鉄セクショナルボイラ」の簡単な構造を図3-11-3に示します。炉筒煙管ボイラは水を満たした鋼鉄製の管、内部の炉筒と煙管で構成されています。鋳鉄製セクショナルボイラは複数のセクションを組み合わせて構成されているので、セクションごとに狭い入口からの搬入が可能で、セクションを増設することで機能を強化できるなどの特徴があります。

図 3-11-1　ガス瞬間湯沸器

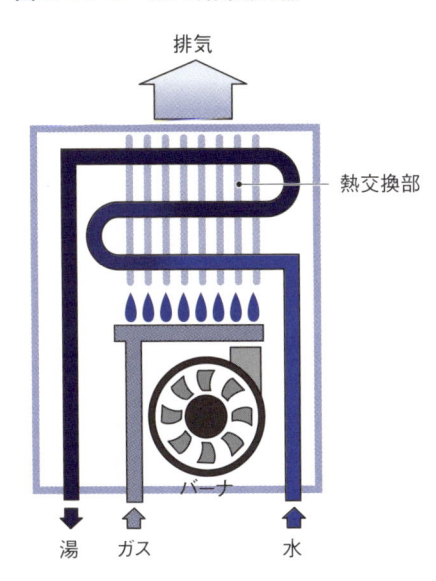

図 3-11-2　貯湯式電気温水器

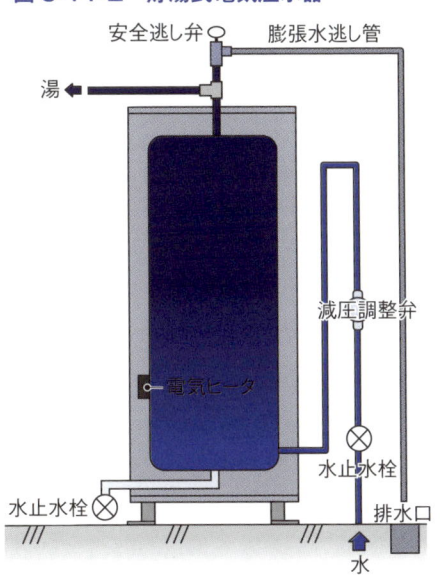

図 3-11-3　炉筒煙管ボイラと鋳鉄製セクショナルボイラ

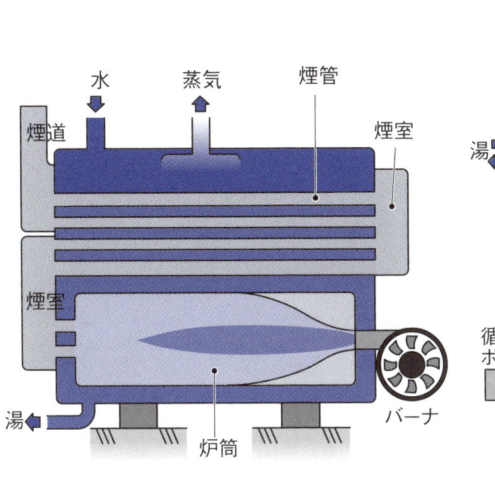

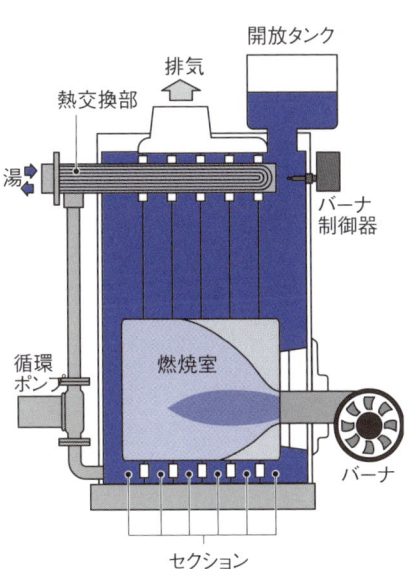

3-12 ガス設備

●都市ガスとLPガスの概要

「都市ガス」はメタンを主成分とした天然ガスで、-162℃まで冷やすと液化し、体積は1/600になります。体積の少ない液体で輸入して国内の工場で再び気体に戻し、埋設されたガス導管から「マイコンメータ」を経由して各建物に供給されます。一方、「LPガス」はプロパン・ブタンを主成分とした液化石油ガスで、プロパンガスやブタンガスがありますが、一般的な給湯・調理など、建物で使われるガスはプロパンガスです。プロパンガスは冷却あるいは常温で加圧することで比較的容易に液化するので、常温加圧して「ガスボンベ」に液体を充填して各建物に供給されています。体積は気体の1/250になります。建物の軒下などに設置されているガスボンベには90％程度の液状プロパンと、10％程度の気体のプロパンが充填されています（図3-12-1）。

●都市・LPガスの特性と料金

都市ガスは空気よりも軽く、LPガスは空気より重いと覚えておくとよいかと思います。そのため「ガス漏れ警報器」の取り付け位置は、都市ガスは天井付近の上に、LPガスは床付近の下に取り付けます（図3-12-2）。換気についても都市ガスは窓や天井付近の換気扇が有効ですが、LPガスはドアや掃き出し窓など、床付近の換気をしなければなりません。なお、都市・LPガスとも本来は無臭ですが、利用者がガス漏れに気付くように匂いを付けています。

料金については、都市ガスは公共料金で日本全国の都市ガス事業者が勝手に販売価格を設定することができないので、料金体系は比較的安定していますが、LPガスについては各地のガス事業者に販売価格が任されているため、契約する事業者により料金は異なります。一般的に都市ガスは安くプロパンは高いというイメージがありますが、LPガス事業者との契約内容などによっ

てさまざまなので、一概にはいえないところです。

図 3-12-1　都市ガスとLPガス

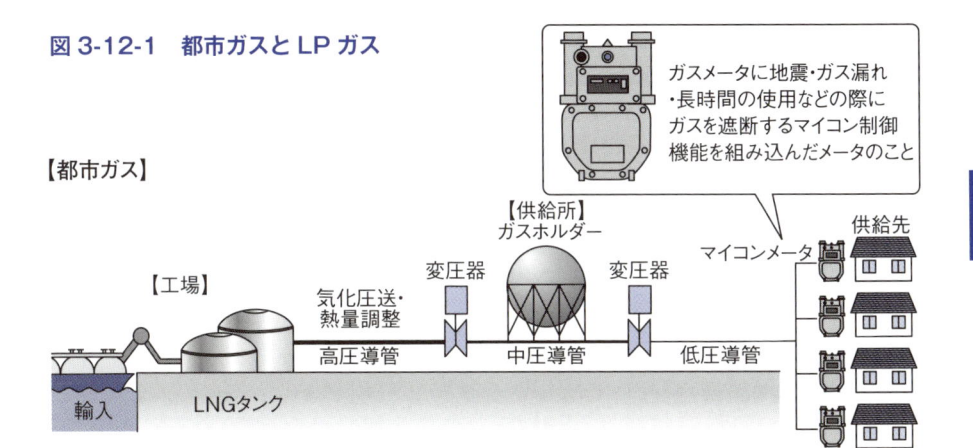

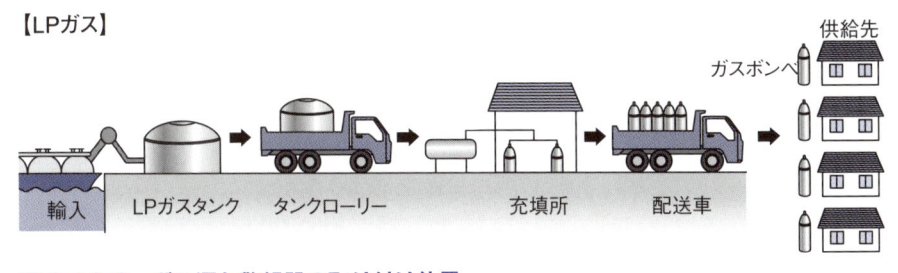

【都市ガス】

ガスメータに地震・ガス漏れ・長時間の使用などの際にガスを遮断するマイコン制御機能を組み込んだメータのこと

図 3-12-2　ガス漏れ警報器の取り付け位置

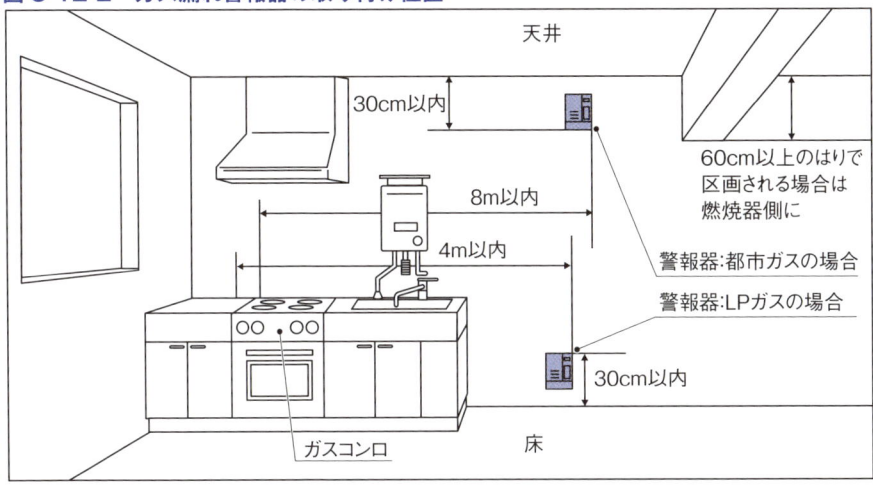

60cm以上のはりで区画される場合は燃焼器側に

警報器：都市ガスの場合

警報器：LPガスの場合

3-13 トイレに必要な衛生器具

●大便器の種類

　大便器には「洋式」と「和式」がありますが、近年では一般住宅で和式を用いる例は少なくなりました。しかし、和式は清掃しやすい、便器と接触せずに用を足せるので衛生的などの理由で、公衆便所など不特定多数の人が利用する施設で使われます。

　大便器の給水の形態としては「フラッシュバルブ式」「ロータンク式」が代表的です。フラッシュバルブ式はバルブを高圧の水道管に直結して、バルブの開閉で流す方法です。水をタンクに貯める必要がないので、連続使用できるなどの理由から、不特定多数の人が使用する施設で広く採用されています（図3-13-1）。ただし、流すのに高い水圧（0.07MPa以上）が必要になるので、一般住宅ではあまり採用されません。ロータンク式は一般住宅で主流の大便器です。ロータンクに一旦、水を貯めてから流すので連続使用はできませんが、水圧が弱いところでも使えます（図3-13-2）。なお、近年では一般住宅用にタンクレスの大便器も各メーカーから製品化されています。タンクが無い分、省スペースで、デザイン性に優れていますが、水道管の給水圧力で汚物を流すので、設置の際は水圧などを慎重に検討する必要があります。

●大便器の洗浄方式

　大便器の洗浄方式には「洗い落し式」「セミサイホン式」「サイホン式」「サイホンゼット式」「サイホンボルテックス式」などがあります。表3-13-1に各洗浄方式の特徴を示します。大便器は洗浄方式によって汚物を流す能力などに違いがあるので、購入する際は一考すべきです。また、大便器のサイズには標準的なレギュラーサイズ、大型のエロンゲートサイズがあり、主にレギュラーサイズは洗い落し式かセミサイホン式を採用しています。近年ではエロンゲートサイズを利用するケースが多いようです。

図 3-13-1　フラッシュバルブ式

（写真提供：TOTO 株式会社）

図 3-13-2　ロータンク式

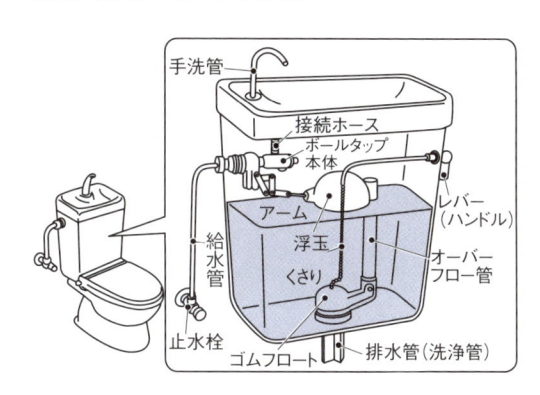

表 3-13-1　洗浄方式

洗浄方式と項目	洗い落し式	セミサイホン式	サイホン式	サイホンゼット式	サイホンボルテックス式
形状					
水たまりの広さ	狭い	やや狭い	中くらい	広い	広い

←――― レギュラーサイズ ―――→←――― エロンゲートサイズ ―――→
安い ←――――――――― 価格 ―――――――――→ 高い

洗い落し式
流水の勢いで汚物を洗い流す方式。水はねや汚物の付着が起こりやすい。構造がシンプルで安価だが、最近では利用者が少なくなってきている

セミサイホン式
流水の勢いと渦作用で洗い流す方式。洗い落し式とサイホン式の中間的な性質を持つ

サイホン式
屈曲した排水路内を満水にして吸引力によるサイホン作用で洗い流す方式。サイホンゼットと比較すると水はねや汚物の付着が起こりやすい。一般的に広く普及している便器

サイホンゼット式
サイホン式の渦作用にトラップ付近のゼット孔から水噴射を加えることで、より強力な吸引力に改良された便器。水たまりが広く水はねが少なく、汚物の付着も起こりにくい

サイホンボルテックス式
サイホン作用に加えて渦作用を組み合わせることで洗い流す方式。タンクと便器が一体になったワンピース便器で採用される洗浄方式で、水はね、汚物の付着も起こりにくく、洗浄音も静か

3-14 トイレの付属機器とレイアウト

●トイレの付属機器

　機能面だけを考えるとトイレは人の排泄物を処理する所ですが、単にそれだけではないようです。1人になって考え事をしたり、本を読んだり、意外とトイレは落ち着ける場所でもあります。トイレは用を足すだけでなく、できる限り快適な空間にしたいものです。トイレには便器以外にも付属機器がありますが、それらの選択もトイレを快適な空間にする一つの要素です。

　一般住宅で主流のロータンク式のトイレには、「手洗い器」が一体で付いているものがあります。確かに省スペースで合理的ではありますが、例えば「大」の方の用を足した後、立上がり、振り向いて手を洗うことになりますし、跳ねた水が便器にかかったりと、やや不便な面もあります。スペースがとれるなら手洗い器を別に設置するとより快適です。手洗い器にはコンパクトな壁付式や、カウンター式で下部が収納になったものなどさまざまなものがあります（図3-14-1）。また、「紙巻き器」「タオル掛け」「手すり」などについてもデザインや機能面でさまざまな製品を選択できます（図3-14-2）。

●トイレのレイアウト

　トイレのレイアウトには細かな気遣いが必要です。例えばトイレのドアを開けて真っ正面に便器が見えるよりは、正面に見えないように配置した方が気分的によいということもありますので、ドアと便器の位置関係についても考える必要があります。ドアの開き勝手については一般住宅は「外開き」にすることが多いです。内部で人が倒れたなどのときに「内開き」だと救出しにくい、あるいは単にトイレ内のスペースが狭いなどからですが、できることなら「引き戸」にするのが最善と思います（図3-14-3）。また、ドアを開ける→用を足す→手を洗う→手を拭く→ドアを閉めるといった一連の動作を考えて、どのような器具のレイアウトが快適かを考える必要もあります。

図 3-14-1　ロータンク式大便器の手洗い器

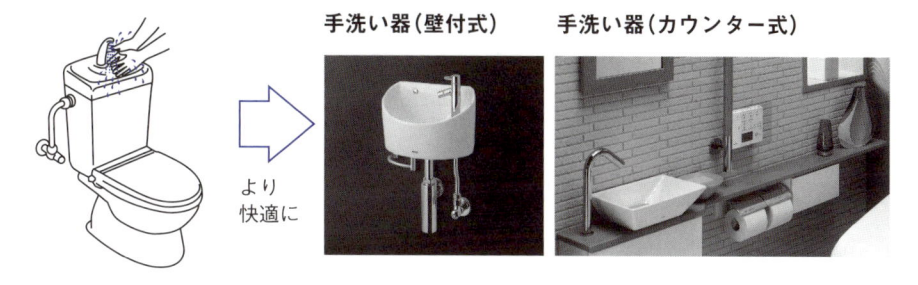

手洗い器（壁付式）　　手洗い器（カウンター式）

より快適に

図 3-14-2　トイレの附属機器

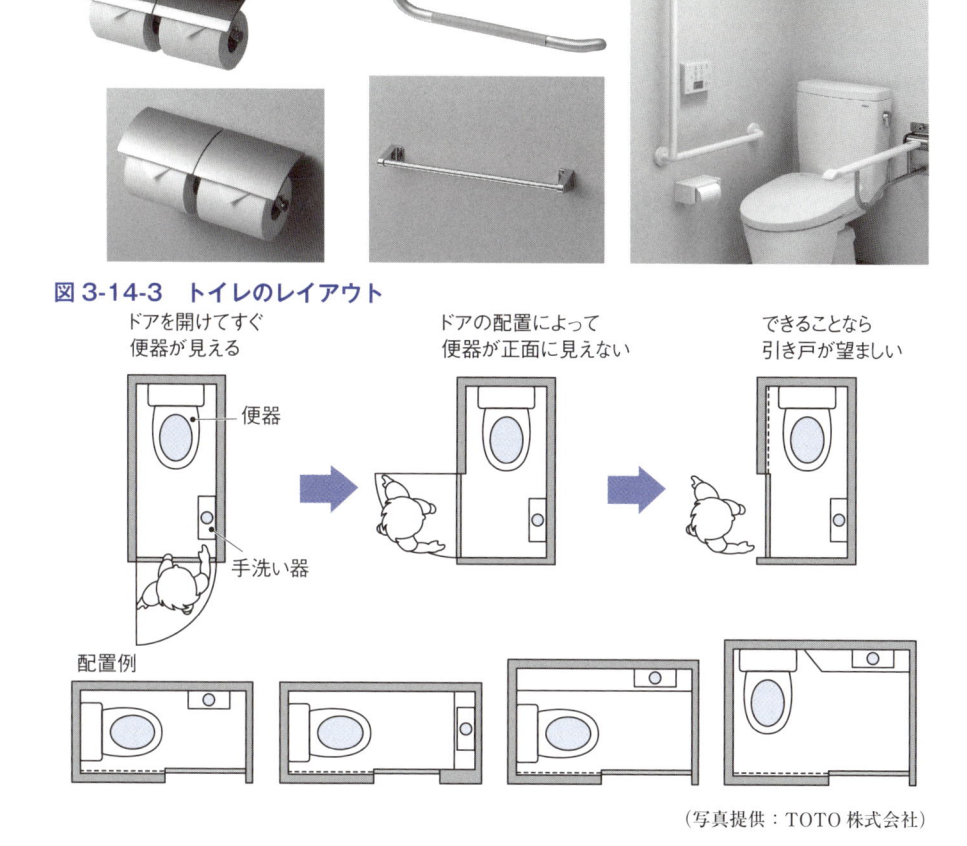

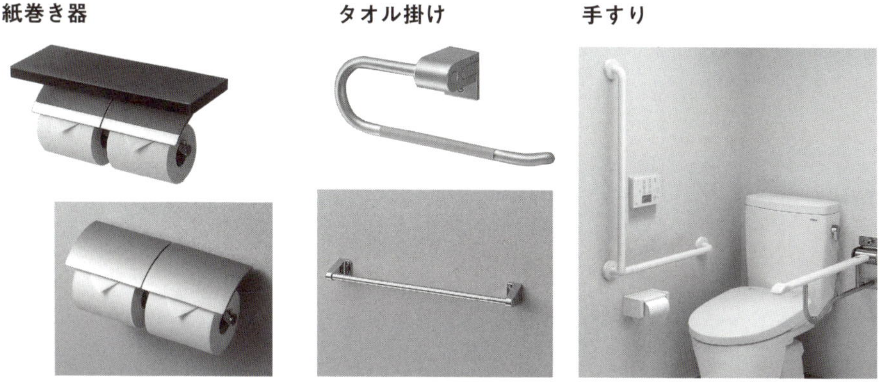

紙巻き器　　タオル掛け　　手すり

図 3-14-3　トイレのレイアウト

ドアを開けてすぐ便器が見える　　ドアの配置によって便器が正面に見えない　　できることなら引き戸が望ましい

便器
手洗い器

配置例

3・給排水・衛生設備

（写真提供：TOTO 株式会社）

3-15 浴室に関する設備

●在来浴室とシステムバス

　浴室には「在来浴室」と「システムバス」があります（図 3-15-1）。在来浴室は浴槽と床・壁・天井材を自由に組み合わせることができます。浴槽はスレンレス・ほうろう・FRP・人造大理石などで「和式」「和洋折衷式」「洋式」タイプ（図 3-15-2）や、円形などの既製品を購入することもできますし、木製・タイル・天然石などでオーダーメイドで自由につくることも可能です。浴槽の設置方法としては、床の上に置く「据え置き型」、床の高さと同じレベルに浴槽を埋め込む「埋め込み型」、浴槽を1/3程度床に埋め込み、床から40cm程度の立ち上がりを付けた「半埋め込み型」があります（図 3-15-3）。最近では和洋折衷の浴槽で半埋め込み型にする例が多く見られます。

　システムバスとは壁・天井・床・浴槽などをユニット化して組み立てる方法で、ユニットバスともいいます。マンションなどで多く見られますが、一般住宅でも広く採用されています。防水性に優れ、浴室内は明るい印象を受けます。ただし、在来浴室と比較すると、サイズに制限があり、自由度の面で劣ります。

●浴室に関するその他の設備

　浴室には浴槽の他にシャワーや混合水栓などが当然必要です。デザインや機能からさまざまな製品があります。例えばシャワーヘッドには節水タイプ、低水圧タイプ、マッサージ機能が付いたものなどさまざまです。

　浴室は湿った空間と思われがちですが、適切に除湿・換気などをすれば、浴用以外にも洗濯ものを乾かす「ランドリールーム」として利用することができます。「浴室乾燥機」を付けるとより効果的です。浴室乾燥機には換気や暖房の機能が付いたものもあり、壁掛け、天井付け、天井に埋め込むビルトインタイプなどがあります。

図 3-15-1　在来浴室とシステムバス

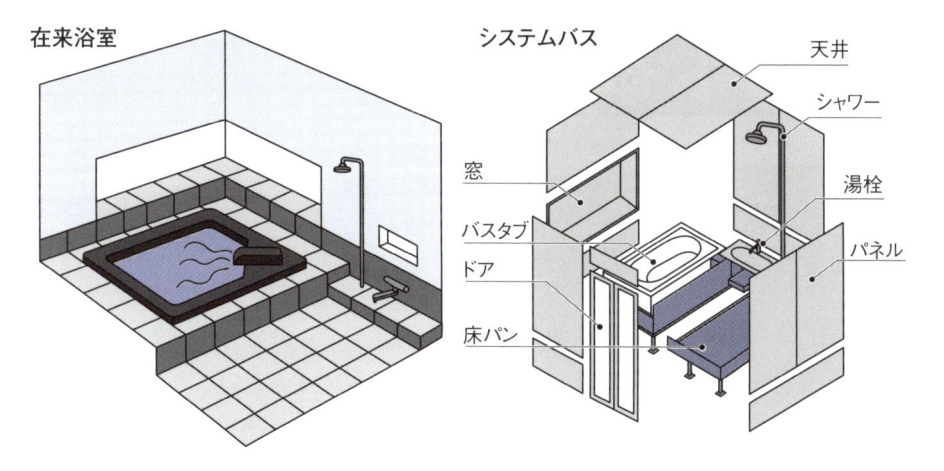

在来浴室

システムバス／天井／シャワー／窓／湯栓／バスタブ／パネル／ドア／床パン

図 3-15-2　浴槽の種類

和洋折衷式　60cm　110〜160cm

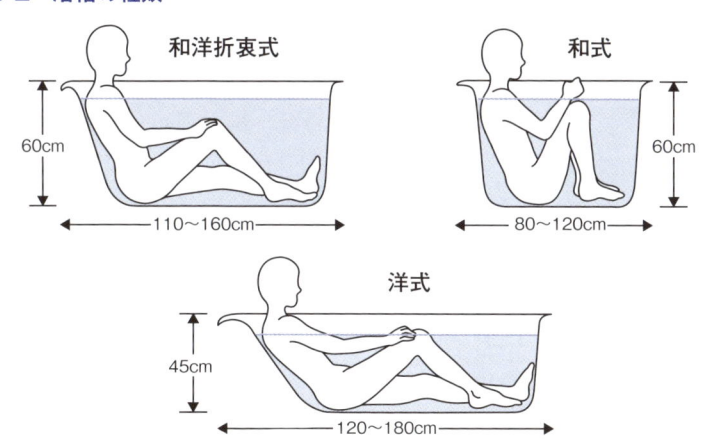

和式　60cm　80〜120cm

洋式　45cm　120〜180cm

図 3-15-3　浴槽の設置方法

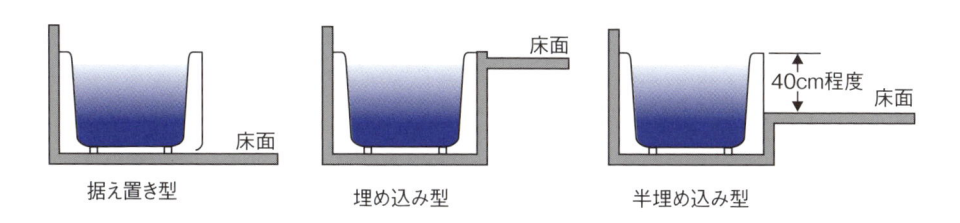

据え置き型　　埋め込み型　　半埋め込み型　床面　40cm程度

3-16 高齢者に配慮した浴室とトイレの設計

●高齢者に配慮した浴室

　平成22年の厚生労働省の統計によると、65歳以上の高齢者の家庭内の死亡事故は1万人以上で、事故の内訳は浴槽内の溺死、同一平面での転倒、階段での転落・転倒を合わせると全体の約50％を占めています（図3-16-1）。

　高齢者に配慮した浴室では、①浴室出入口の段差をなくす、②滑りにくい床材にする、③適所に手すりを設ける、④お湯を適温に保ち、浴室と外部の温度差を適切に保つ、⑤非常通報装置を付ける、などに配慮して設計します（図3-16-2）。①～③についてはバリアフリーの基本です。できることなら浴槽は半埋め込み型として、浴槽への出入り時の落差を解消するべきです。また、有効な場所に手すりを付け、浴槽への出入り時にはつかめるようにする必要があります。④については高齢者の場合、湯の温度は39～40℃程度が望ましいです。また、「ヒートショック」とは急激な温度変化で血圧が急変して脳卒中や心筋梗塞などを引き起こす症状のことですが、浴室と浴室外の温度差にも注意が必要です。10℃以上の温度差は特に危険といわれています。

●高齢者に配慮したトイレ

　トイレについても基本的なバリアフリーの考え方は守ります。出入口の段差解消、滑りにくい床材にする、ヒートショック対策をする、適所に手すりを設ける、非常通報装置を付けるなどです。出入口のドアについては中で倒れた場合を考慮すると外開き、できることなら引き戸にするべきです（図3-16-3）。

　車いす対応ということを考えると、上記のバリアフリーを踏まえたうえで、トイレ内に回転スペースを取り、扉は車いすが通れる間口を確保したうえで、感知式や押しボタン式の自動扉が理想的といえます。また、ポイントとしては車いすの座面の高さ（40～45cm）に便座の高さを合わせると車いす利用者の動作が楽になります（図1-4-2）。

図 3-16-1　65 歳以上の家庭内の不慮の事故死

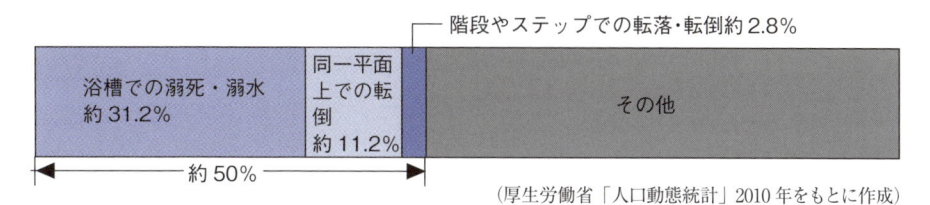

| 浴槽での溺死・溺水 約31.2% | 同一平面上での転倒 約11.2% | 階段やステップでの転落・転倒約2.8% | その他 |

←――― 約50% ―――→

（厚生労働省「人口動態統計」2010年をもとに作成）

図 3-16-2　高齢者に配慮した浴室

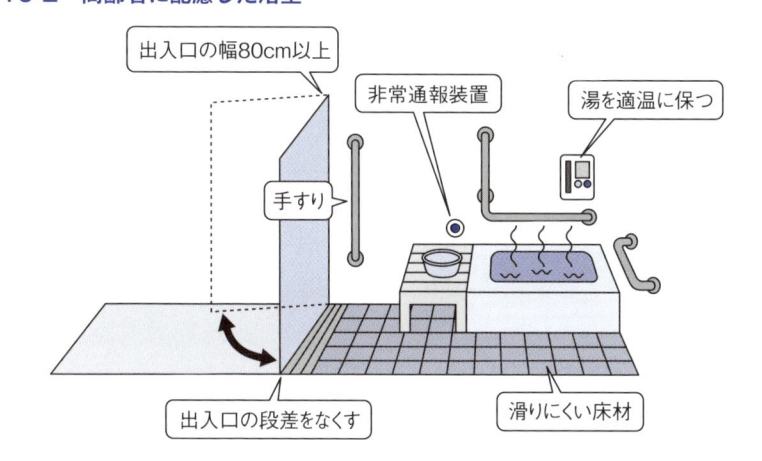

- 出入口の幅80cm以上
- 非常通報装置
- 湯を適温に保つ
- 手すり
- 出入口の段差をなくす
- 滑りにくい床材

図 3-16-3　高齢者に配慮したトイレ

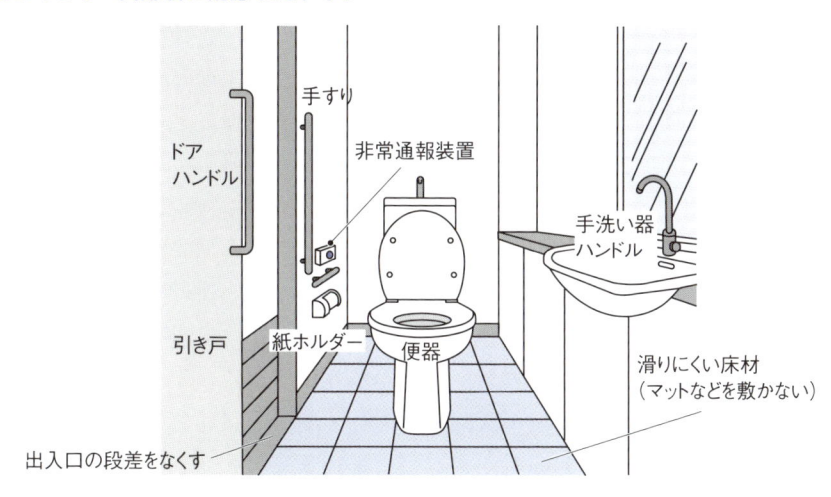

- ドアハンドル
- 手すり
- 非常通報装置
- 手洗い器ハンドル
- 引き戸
- 紙ホルダー
- 便器
- 滑りにくい床材（マットなどを敷かない）
- 出入口の段差をなくす

3・給排水・衛生設備

3-17 使い勝手のよいキッチンの設計

●キッチンの高さ

　一般住宅などのキッチンはオーダーメイドも可能ですが、流し台や調理台などをワークトップ（作業台）で一体にしたシステムキッチンの方が一般的にはローコストです。各メーカーからデザイン・メンテナンス・機能性などを考慮したさまざまなシステムキッチンがつくられています。

　キッチンの高さについては厳密にいうと作業内容によって理想的な高さが異なります。例えばフライパンを使うコンロは野菜を切るなどの調理台よりも低い方が理想的ではありますが、実際には平均的な「調理台の高さ」に合わせてワークトップを設定するのが一般的です。JISではキッチンの高さを80、85、90、95の4種類に設定しています。身長からキッチンの高さを求める計算式としては、キッチン高さ＝身長/2＋2.5cmといわれています。実際には個人差がありますが、一つの目安にはなるかと思います（図3-17-1）。

●キッチンの作業動線

　使い勝手のよいキッチンにするには高さも重要ですが、作業動線にも配慮が必要です。具体的には、食材を冷蔵庫から出す→野菜などをシンクで洗う→まな板の上で切る→煮る・焼くなどの調理をする→皿などに盛りつける→配膳する、などキッチン内で行われる一連の動作を予測してスムーズに動けるように冷蔵庫、シンク、調理台、コンロなどを配置計画します。その他、食器類や調理器具の収納、電子レンジ・炊飯器・ポット・食洗機などさまざまなキッチン用品ついても作業動線を妨げないように心掛けます。

　キッチンのレイアウトには図3-17-2のように「Ⅰ型」「Ⅱ型」「L型」「U型」「ペニンシュラ型」「アイランド型」などがありますが、いずれのレイアウトパターンにおいても作業動線を常に頭に入れて配置計画します。料理が楽しくなるように使い勝手のよいキッチンにしましょう。

図 3-17-1　キッチンの高さ

$$キッチン高さ = \frac{身長}{2} + 2.5$$

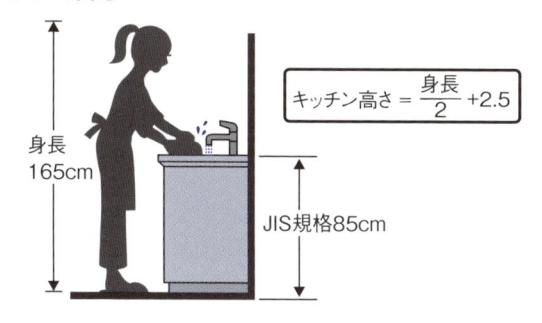

身長 165cm　　JIS規格85cm

図 3-17-2　キッチンのレイアウト

I型

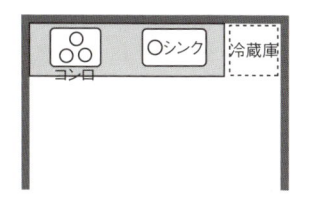

冷蔵庫、シンク、調理台、コンロが一直線に配置されたベーシックなレイアウト。作業動線が横長になり、やや疲れやすい

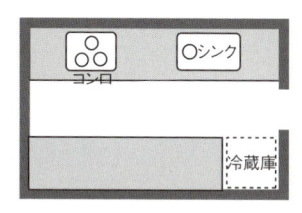

II型

中央の通路をはさんで2列に配置されたレイアウト。I型と比べ、作業動線が短くてすむ。なお、通路の幅は90cm以上確保すること

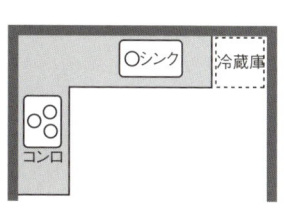

L型

L型にレイアウトした形。コーナー部分を調理台などにすることで奥行を広くとれるが、下部の収納には取り出しにくいデットスペースが生まれる

U型

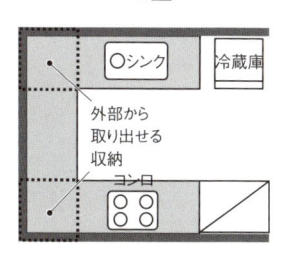

U型にレイアウトした形で、作業スペースが広く確保できる。デットスペースとなるコーナー部はキッチンの外用の収納にするなどの工夫をすると使いやすい

ペニンシュラ型

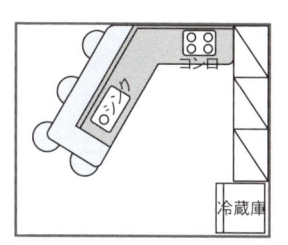

突き出した半島（ペニンシュラ）部分をカウンターテーブルや配膳用のデシャップカウンターとするなど、開放的なキッチンレイアウト

アイランド型

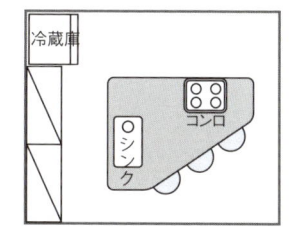

ワークトップが島（アイランド）のように壁から離れた形状のレイアウト。料理教室やホームパーティーなど多人数での使用に適しているが、一般住宅でも開放的レイアウトが人気で採用される例が多い。換気には天井取り付けのセンターレンジフードが必要になる

3-18 給排水・衛生設備図面の種類と図示記号

●給排水・衛生設備図面の種類

　給排水衛生設備には設計図・総合図・施工図・竣工図があり、すべての図面ついて解説すると大変なボリュームになってしまいますので、ここでは設計図にはどのような種類があるのかについて解説します。

　設計図の代表的なものに①特記仕様書②機器表③器具表④凡例⑤配管系統図⑥案内配置図⑦各階平面図⑧各部詳細図などがあります。

　①特記仕様書については工事や設備の概要、工事仕様、図面に記載することが難しい特記事項などをまとめて記載します。②機器表はポンプ、貯水槽、給湯器などの設置場所、台数、仕様などを示します。③器具表は大便器、小便器、洗面器、各種水栓類などの型番、設置階、個数などを示します。④凡例は図面中の図記号、文字記号についての表記の意味をまとめたものです。⑤配管系統図は給排水の管路の系統・方式が示されています。⑥案内配置図は敷地・建物・道路などの位置関係、上下水道本管の位置、各種枡の位置、管路などを示します。⑦各階平面図はその階の配管系統、通常は天井内の配管系統を示します。⑧各部詳細図は受水槽、トイレなど配管系統が複雑になるような場合に必要になります。なお、業務用の厨房などでは、別途、厨房機器配置図や機器の仕様などをまとめた厨房機器表なども作成します。

●給排水・衛生設備の図示記号

　図示記号は共通して認識できるように決まりごとがあり、JISや空気調和衛生工学会などに規格があります。しかし、複雑な配管系統図などでは共通認識されている図示記号だけでは作図の表現として不十分になることもまれにあり、一般的な図示記号と若干違う表記をすることがあります。そのような場合は凡例に図示記号の意味を記載し、相手に作図の意図を正しく伝えるようにします。表3-18-1に図示記号の代表的なものを紹介します。

表 3-18-1　給排水・衛生設備の図示記号

図示記号	種別	図示記号	種別
管			減圧弁
———— – ————	上水給水管		電磁弁
———— · ————	上水揚水管		自動空気抜き弁
———— – – ————	雑用水給水管		埋設弁
———— · · ————	雑用水揚水管	タンクなど	
———— I ————	給湯管（往）		洗浄用タンク
———— II ————	給湯管（還）		和風大便器
———— E ————	膨張管		洋風大便器
———)————	汚水排水管		小便器
————————	雑排水排水管		洗面器
– – – – – – – –	通気管		掃除用流し
継手		枡	
——||——	フランジ		汚水枡
——+||+——	ユニオン		雑排水枡
⌐	ベンド		雨水枡
⌐	90°エルボ		公共枡
⊥	チーズ	その他	
	90° Y	——[M]——	量水器
——||	閉止フランジ	⊗	定水位弁
——⊐	キャップ、プラグ	○—○	ボールタップ
——[ ]——	伸縮管継手	✕	給水栓
——○——	防振継手	✕	混合水栓
～～～	フレキシブル継手	✕	給湯栓
弁		⊙	洗浄弁
——▷◁——	弁	——◐——	床上掃除口
——⊳|——	逆止め弁	—‖—	床下掃除口
	安全弁	⊘	排水金具

❗ 昭和のトイレ事情

　水洗トイレが本格的に普及し始めたのは1964年の東京オリンピック以降のことです。私も子供の頃は水洗トイレになる以前のいわゆる「ボットン便所」といわれるトイレで用を足していました。幼児が落下して命を落すようなことも頻繁にあり、トイレは怖い所というイメージがあり、夜一人で用を足せなかった記憶があります。

　ボットン便所の場合、バキュームカーが時々やって来て、溜まっている大小便を汲み取るわけですが、その臭気があたり一面に漂い、なんだか恥ずかしいような気になり、早く汲み取ってくれないかな、と心の底から願ったものです。裸電球をぶらさげた狭く薄暗い空間、四角いちり紙でお尻を拭いて、トイレから臭いや虫が上がってこないようにフタをし、虫取りのリボンをぶらさげる。そんな光景がほんの50年前、昭和初期〜中期ではごく当たり前な一般家庭のトイレ事情でした。また、学校のトイレなどは特に不衛生な場所というイメージが残っています。私が通っていた小学校では、悪いことをしたときの罰としてトイレ掃除をさせられるという習慣があったくらいですから、トイレはできることなら近寄りたくない場所だということを誰もが認識していたのだと思います。「臭い」「汚い」「暗い」「怖い」がトイレの4Kなどと例えられていた時代です。

　下水道の整備に伴って現在、多くのトイレは水洗式になり、一昔前とは比べものにはならない程、衛生的になりました。今ではTOTOの登録商標で知られるウォシュレットなどがトイレに付いていても珍しくありませんし、便座が冷たくてびっくりすることも少なくなりました。トイレで本を読んだり、化粧をしたり、歯を磨いたりする人がいるくらいですから、ほんの50年の間に随分と快適な空間に進化したものだなと、つくづく思います。

第4章

空調・換気設備

屋外の自然環境は、人が暮らすには厳しい環境です。
建物には雨、風をしのぐ建物の基本的な機能がありますが、
それだけでは快適な室内気候とはいえません。
温度や湿度などを調整し、より快適な室内気候をつくるのが
本章で学ぶ空調・換気設備の役割です。

4-1 空気調和の目的と室内気候

●空気調和の目的

　日本には四季があり、季節によって屋外の気象条件は変わりますし、地域によっても気象条件は異なります。空気調和の目的は、季節、居住地域、建物の規模、用途などに応じて、そこに住まう人や働く人などが快適と感じるように「温度」「湿度」「気流」「清浄度」を整えることです。

●快適な室内気候とは

　人が快適と感じる要素には「環境側」と「人体側」の要素があるといわれています。環境側の要素としては「温度」「湿度」「気流」「放射」。人体側の要素としては「代謝量」「着衣量」です（図 4-1-1）。これらの要素が絡み合って人は快適か否かを体感するわけです。私たちは高温でも湿度が低ければ実際の温度よりも涼しいと感じますし、さらに適度な気流があればより涼しいと感じます。また、年齢や体型など個人の代謝量によっても感じ方に違いはありますし、Tシャツ1枚とセーターを着ている人では当然、体感温度も違ってきます。また、季節によっても快適と感じる温度、湿度は異なります。一般的に夏期で温度 25 〜 28℃、湿度 70%以下、冬期で温度 17 〜 22℃、湿度 40%以上が快適な範囲といわれています（表 4-1-1）。

　空気の清浄度を保つことも快適な室内気候を保つ一要素です。「シックハウス症候群」という言葉を聞いたことがあるかと思います。これは建材などから発散するホルムアルデヒド、揮発性有機化合物、有機リン系化合物などによる、めまい、吐き気、頭痛などを引き起こす症状のことです。現在はシックハウス症候群が広く認知され、安全性が確認されたF☆☆☆☆（フォースター）表示のある建材を使用するなど、規制が厳しくなりましたが、空気汚染物質は現場施工で使う接着剤や塗料などからも発生するので、施工で使う材料についても細心の注意を払う必要があります（表 4-1-2）。

図 4-1-1　室内の温熱環境 6 要素

環境側
・温度
・湿度
・気流
・放射

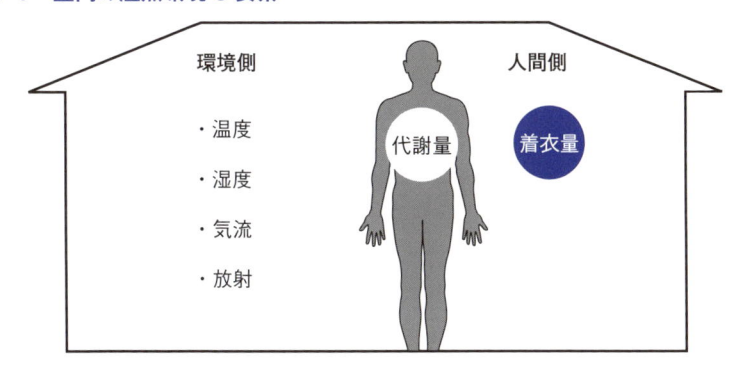

人間側
代謝量
着衣量

表 4-1-1　室内空気環境基準

項目	許容値	備考
温度	17～28℃	室内温度を外気より低くする場合は温度差を著しくしないこと
湿度	40～70%	特に冬期の暖房時は乾燥して、ウイルスなどに対する免疫力が低下するので、40%以上の湿度を保つ
気流	0.5m/s 以下	0.5m/s を超えた気流速度は不快感を与える
二酸化炭素(CO_2)	1000ppm（0.1%）以下	人の呼吸や、暖房器具などの燃焼で発生する
一酸化炭素(CO)	10ppm（0.001%）以下	燃焼機器の不完全燃焼などで発生する。中毒症状を起こし、場合によっては死に至る
浮遊粉塵	0.15mg/㎥以下	粒子径 10 ミクロン以下が対象となる。肺胞に沈着して、健康障害を引き起こす
ホルムアルデヒド	0.1mg/㎥以下	主に建材や家具から発生し、高温高湿になる程、放散量が増加

表 4-1-2　主な室内空気の汚染物質

汚染物質	発生源	症状
ホルムアルデヒド	合板、接着剤など	シックハウス症候群、発ガン性
揮発性有機化合物(VOC)	ワックス、洗剤、塗料など	シックハウス症候群、発ガン性、倦怠感
有機リン系化合物	壁紙の難燃材、防虫剤など	シックハウス症候群、発ガン性、意識混濁
アスベスト	断熱材、防火材など	塵肺、肺ガン

4・空調・換気設備

4-2 高齢者に配慮した空調計画

●高齢者の身体的な特徴への配慮

　高齢になると暑くても汗をかく量が少なくなり、体内の熱を上手に逃がすことができなくなる傾向があります。そのうえ、猛暑でエアコンを使わず我慢する、トイレに頻繁に行くのが嫌で水分の補給もおろそかにする、などの条件が重なると、室内でも熱中症にかかってしまいます。

　近年、高断熱高気密な住環境が増えてきましたが、このような住環境は極端ないい方をすると、外と内の環境を遮断しているので、適切に空調設備を使用しないと快適性を保つことが難しい建物ともいえます。地球温暖化の側面もありますので、特に猛暑、厳寒時には空調設備を適切に利用をするべきと思われます。また、一般住宅のエアコンについては多機能過ぎて使い方がわからないということにならないように、操作性がシンプルで高齢者に配慮した製品を選択するなどの配慮も必要と思われます。

●空間の温度差への配慮

　ヒートショックについては前章でも触れましたが、各部屋の温度差についてはヒートショックの原因になりますので要注意です。高齢者生活熱環境研究会が推奨している各部屋の寒冷時の室温によると、居間・食堂で23 ± 2℃、寝室で20 ± 2℃、台所・廊下で22 ± 2℃、便所で24 ± 2℃、風呂・脱衣所で25 ± 2℃とされています。各部屋の温度差は5℃以内に抑えるべきです（図4-2-1）。

　ヒートショックの場合、主に建物を平面的に移動する際の温度差ですが、建物内に長時間居ることが多い高齢者には、同一空間での上下の温度差についても配慮すべきです。一般的に椅子に座った状態でくるぶしの辺り（床から10cm）と頭（床から1.1m）での温度差は3℃以内になるのが望ましいといわれています。特に冬場は放射暖房（104ページ）や床暖房（106ページ）などで、室内の上下温度を極力均一に保つ配慮も必要です（図4-2-2）。

図 4-2-1　部屋と廊下などの温度差

部屋ごとの温度差が極端
※10℃以上の温度差は特に
　ヒートショックの危険性が高まる

部屋ごとの温度差を5℃以内に抑える

図 4-2-2　室内の上下の温度差

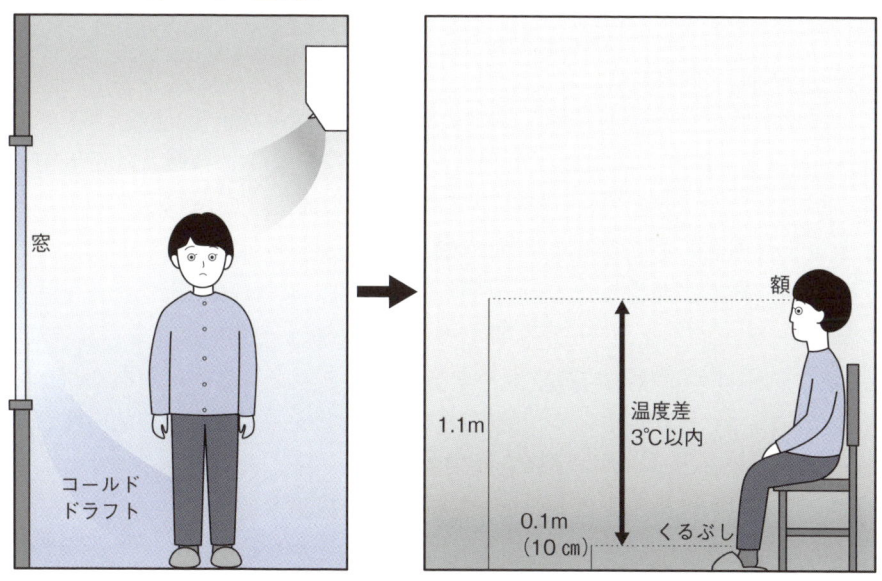

足元が冷える

床暖房などの放射暖房が有効

4-3 熱の伝わり方と結露

●熱の伝わり方

熱には、①伝導、②対流、③放射の3つの伝わり方があります。①伝導は熱いスープにおたまを入れておくとおたまが熱くなるように、個体内部を熱が移動します。②対流は温かい空気が上昇し、冷たい空気が下降するように、流体自体の熱によって移動します。③放射は熱せられた鉄板に手をかざすと熱を感じるように、空間を熱（電磁波）が伝わって移動します。

図4-3-1で示すように建物の外部、内部においても基本的にはこの3つの伝わり方で、熱は常に移動しています。熱の伝わり方は空調、冷暖房などを学ぶうえで前もって知っておきたい基本事項です。

●結露とは

中学生の理科で習った記憶もあるかと思いますが、空気は温度によって含むことができる水蒸気の量（飽和水蒸気量）が違います。例えば30℃では1㎥中に30.3gの水蒸気を含むことができますが、10℃では9.4gといったように、温度が低くなるほど含むことができる水蒸気の量が少なくなります（表4-3-1）。以上を踏まえると結露が理解しやすくなります。結露とは空気中の温かい湿った空気が、冷たい窓ガラスや壁などに触れて急激に温度が下がり、水蒸気を含みきれなくなった空気が凝縮して水になる現象のことです。

建物内で結露が発生しやすい場所は、押入の中、家具の裏、窓ガラスやサッシ部、カーテンの裏など空気が停滞して温度差が生じやすい所になります（図4-3-2）。結露はカビやダニが発生しやすい環境をつくるおそれがあり、空気汚染の原因にもなりますので、適度に換気や除湿をして室内の空気の流れをよくすることなどが結露防止に有効です。また、壁、天井裏、床下などの内部で起こる「内部結露」については、建物を老朽化させ湿気を好むシロアリの原因にもなりますので、やはり適切な換気などが有効となります。

図 4-3-1　熱の伝わり方

①伝導　②対流　③放射

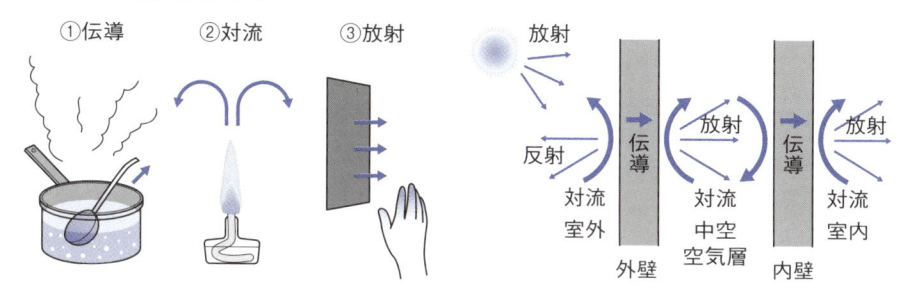

表 4-3-1　結露と飽和水蒸気量

気温(℃)	-1	0	1	2	3	4	5	6	7	8	9	10	11	12	13	14
飽和水蒸気(g/㎥)	4.5	4.8	5.2	5.6	5.9	6.4	6.8	7.3	7.8	8.3	8.8	9.4	10.0	10.7	11.3	12.1
気温(℃)	15	16	17	18	19	20	21	22	23	24	25	26	27	28	29	30
飽和水蒸気(g/㎥)	12.8	13.6	14.5	15.4	16.3	17.3	18.3	19.4	20.6	21.8	23.0	24.4	25.7	27.2	28.7	30.3

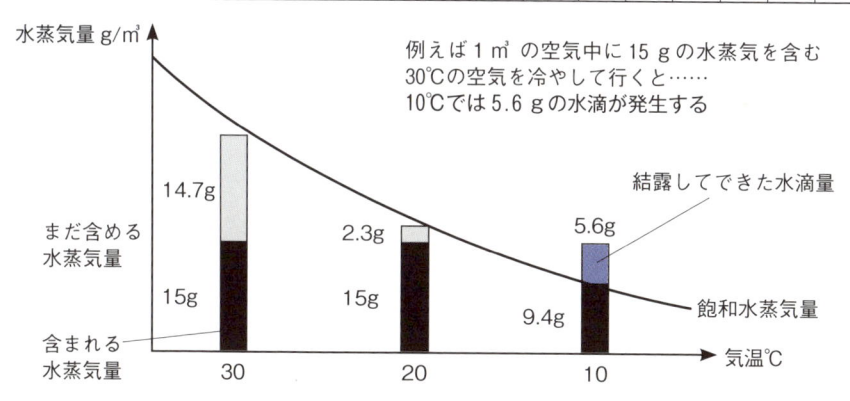

例えば1㎥の空気中に15gの水蒸気を含む30℃の空気を冷やして行くと……
10℃では5.6gの水滴が発生する

図 4-3-2　結露しやすい場所

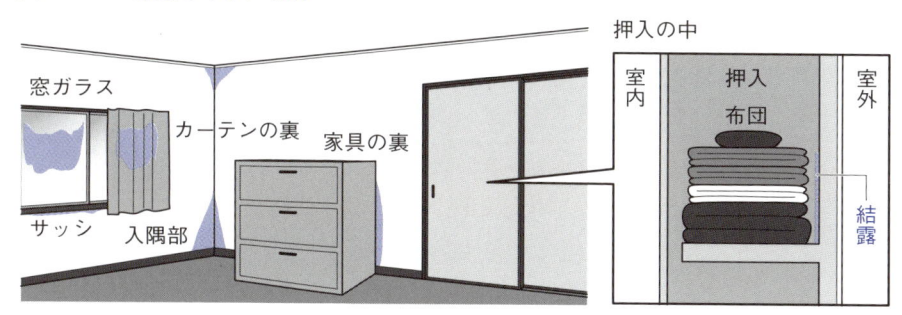

4・空調・換気設備

4-4 建物の断熱

●断熱の目的とは

　太陽の日差しを遮るというのであれば屋根や外壁で遮ることができますが、熱の移動を防ぐには「断熱材」が必要になります。外から壁、屋根、床などを伝わる熱移動のことを「熱通過」といいます。また、建物では壁、窓、床などから内部の熱も外に移動します。これを「熱損失」といいます。

　建物の断熱とは外部からの熱通過と内部からの熱損失を軽減させる目的で使われます。これらの熱の移動を減少させることで、快適な室内環境をつくり、同時に空調設備の負荷を軽減することもできます。

●断熱材と断熱工法

　断熱材は主に発泡タイプと繊維タイプがあり、発泡タイプは「ポリスチレンフォーム」「ポリエチレンフォーム」「硬質ウレタンフォーム」などプラスチック系の材料を発泡させたものが使われ、繊維タイプは「グラスウール」「ロックウール」などガラスや鉱物を繊維状にしたものが使われます（図4-4-1）。

　断熱材の素材そのものの断熱性を示す指標として「熱伝導率（W/m・K）」があります。これは熱の伝わりやすさを示す単位で、数値が低いほど熱が伝わりにくい材料といえます。数値は種類、気密、厚さなどによって違いますが、概ね、0.02〜0.05の範囲です。コンクリートで1.4、銅板では370程度なので、数値の面でも断熱材の断熱性は当然、高いです。なお、実際の施工では断熱材の厚みを考慮した「熱抵抗値（㎡・K/W）」が実態に即した指標といえ、熱伝導率とは逆に数値が高いほど熱が伝わりにくいといえます。また、断熱材は断熱性の他に吸音性、吸放湿性、耐火性なども考慮して施工されます。

　断熱工法の種類としては、木造や鉄骨造では「充填断熱工法」「外張り断熱工法」、鉄筋コンクリート造では「内断熱工法」「外断熱工法」があります（図4-4-2）。工法により一長一短があり、施工方法などにより違いはありますが、

例えば鉄筋コンクリート造の内部結露という観点でいえば、内断熱工法よりも外断熱工法の方が優れているといえます。

図 4-4-1　断熱材の種類

発泡タイプ

ポリスチレンフォーム 
（写真提供：株式会社カネカ）
材質としては発泡スチロールと同様
断熱性、耐圧性、耐候性に優れる

硬質ウレタンフォーム 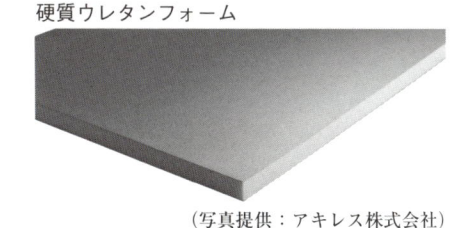
（写真提供：アキレス株式会社）
ポリスチレンフォームより断熱性に優れる

繊維タイプ

グラスウール 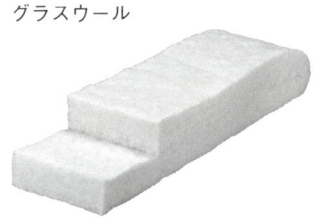
（写真提供：旭ファイバーグラス株式会社）
ガラスを繊維状にしたもので、低価格、軽量、耐火性、耐久性、吸音性に優れる

ロックウール 
（写真提供：ニチアス株式会社）
玄武岩など天然の鉱物を繊維状にしたもので、耐火性、耐久性、吸音性に優れる

図 4-4-2　断熱工法

木造・鉄骨造	充填断熱工法	柱などの構造部材の間に断熱材を充填する。主にグラスウールを用いる
	外張り断熱工法	ボード状のグラスウール、発泡プラスチック系断熱材を躯体の外側に張り付ける
鉄筋コンクリート造	内断熱工法	コンクリート内部に発泡系の断熱材を吹き付ける（もしくは貼り付ける）。結露やカビが発生しやすい
	外断熱工法	コンクリートの躯体を断熱材ですっぽりと覆う。断熱性、気密性に優れる

4・空調・換気設備

4-5 ヒートポンプエアコンの原理

●空気中の熱を汲み上げるしくみ

　日本では昔から「打ち水」という習慣があります。建物のまわりに水を撒いて涼を得る手段で、現代でもその習慣は残っています。これは単に見た目に涼しそうだから行っているわけではなく、実際に冷却効果があっての行為です。液体が気化するときにまわりの空気の熱を奪い、逆に、気体が液体に凝縮するときはまわりに熱を放出します。この原理を「ヒートポンプ」といいますが（図4-5-1）、打ち水はヒートポンプの原理を利用した冷却方法といえます。ヒートポンプの原理はさまざまな設備で利用されていますが、一般的に最も馴染みの深いものがエアコン、つまりヒートポンプエアコンです。

●ヒートポンプエアコン

　一般的な例として室外機には「圧縮機」と「熱交換器（凝縮器）」、室内機には「膨張弁」と「熱交換器（蒸発器）」が内蔵されています。各機器は冷媒が入った「冷媒管」でつながれていて、冷媒は熱を運ぶ役割をします。エアコンはこれらの主要な機器と冷媒によって「ヒートポンプサイクル」を起こして、冷暖房を行います。

　冷房運転時のサイクルを簡単に解説します。①冷房運転を開始すると室外機の圧縮機で冷媒が高温高圧の気体にされます。②高温高圧の気体の冷媒は熱交換器で放熱され、液化します。③液化した冷媒を室内機の膨張弁に通すことで減圧し、低温低圧の液体にします。④低温低圧になった冷媒を室内機の熱交換器で気化させ、室内の熱を奪い、熱交換器の温度は低下します。このとき冷たくなった熱交換器にファンで風を送ることで、室内機から冷風が送られます。⑤気化した冷媒は熱を帯びて再び室外機の圧縮機へ送られます。以上①～⑤のサイクルが冷房運転時のサイクルです（図4-5-2）。暖房運転時には冷房運転時のサイクルを逆転することで室内に温風を送ります。

図 4-5-1　ヒートポンプの原理

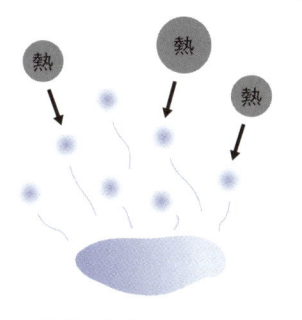

液体が気化するとき、まわりの空気中の熱を奪い冷却効果を発揮する

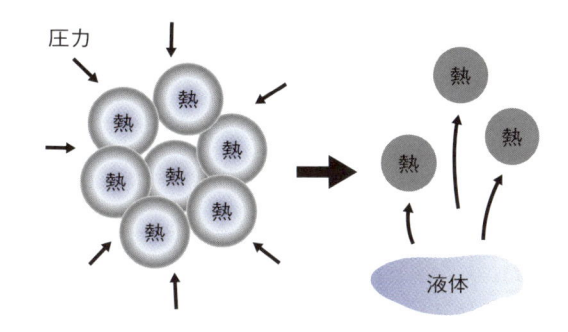

圧縮をかけられて、気体が液化凝縮するとき、まわりに熱を放出する

図 4-5-2　ヒートポンプエアコンの原理（冷房時のサイクル）

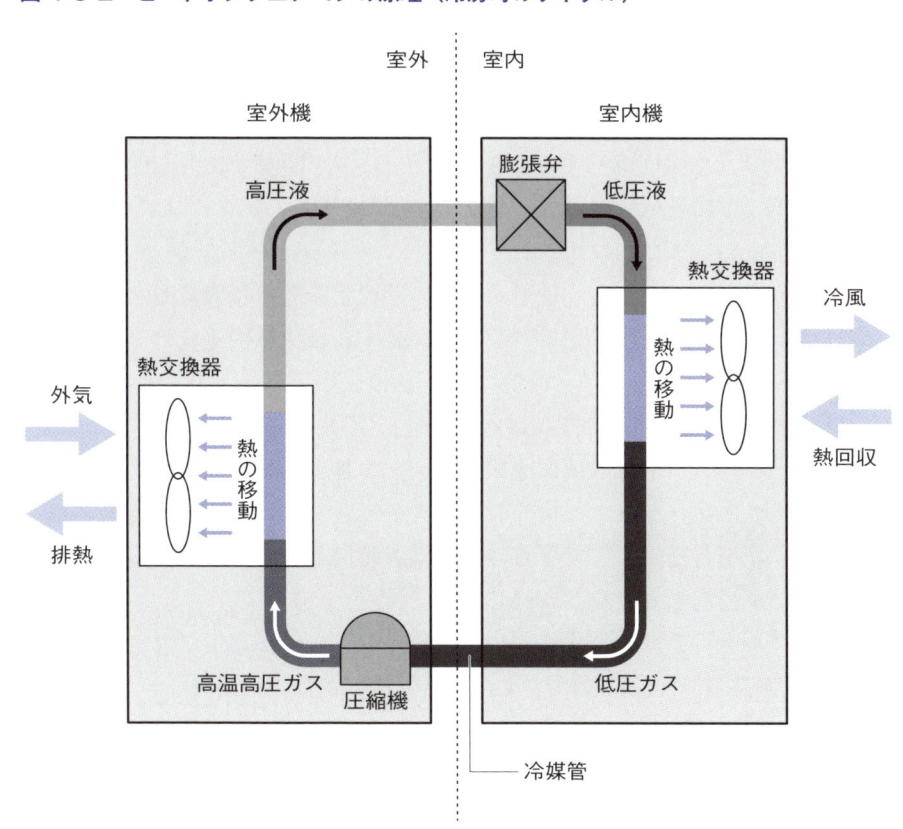

4-6 オフィスビルの空調方式

●主な空調方式

　オフィスビルなどの空調方式を大きく分けると「中央熱源方式」と「個別分散熱源方式」に分けられます。中央熱源方式は冷凍機やボイラなどの熱源機器を機械室などの一箇所に集約して設置し空調します。代表的なものに「単一ダクト方式」や「ファンコイルユニット方式」があります。

　個別分散熱源方式は集約した熱源をもたずに各階あるいは空調区画（ゾーン）ごとに個別に空調する方式で、代表的なものに「パッケージユニット方式」や「ビル用マルチエアコン方式」などがあります。

　単一ダクト方式は空調機からの冷温風を1本の主ダクトから分岐させて各階に送ります。風量は変えずに送風の温度で調節する「定風量方式（CAV）」と、風量を変えて温度調節する「変風量方式（VAV）」があります。小～中規模のビルなどに適した空調方式ですが、大規模ビルのインテリアゾーン（90ページ参照）の空調にも採用されています。

　ファンコイルユニット方式は熱源からの冷温水を各室に設置したファンコイルユニットで冷温風に変えて空調を行います。換気は別途に外気用空調機などで外気を取り込むのが一般的です。熱損失の大きい建物のペリメータゾーン（90ページ参照）の空調に適している空調方式です。

　パッケージユニット方式は冷凍機・ファン・加湿器・自動制御機器などを各階ごと一つのケーシングに集約し、ダクトで各室に冷温風を送ります。空調運転の管理を各階ごとにできるので、営業時間や営業日が異なる多目的用途の複合ビルや店舗ビルなどに適しています。

　ビル用マルチエアコン方式は、一般住宅のエアコンの規模が大きくなったものと考えていいかと思います。1台の室外機に複数の室内機をつなぎ、ヒートポンプで個別に空調を行います（図4-6-1）。

図 4-6-1　代表的な空調方式

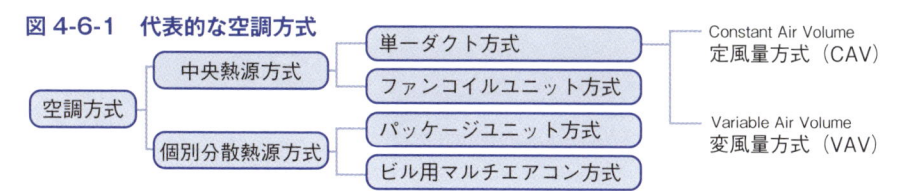

```
空調方式 ─┬─ 中央熱源方式 ─┬─ 単一ダクト方式 ─┬─ 定風量方式（CAV）  Constant Air Volume
         │               │                 └─ 変風量方式（VAV）  Variable Air Volume
         │               └─ ファンコイルユニット方式
         └─ 個別分散熱源方式 ─┬─ パッケージユニット方式
                            └─ ビル用マルチエアコン方式
```

単一ダクト方式

（図：外気、還気ダクト、外気ダクト、中央機械室、空調機）

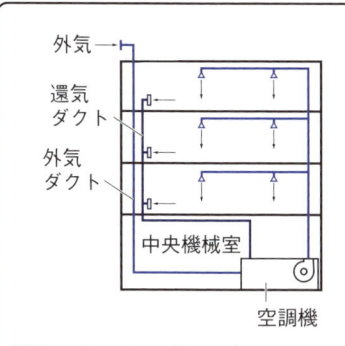

長所
- システムがシンプル
- イニシャルコストが比較的安い
- 保守管理がしやすい

短所
- 部分空調・個別運転ができない
- 細かい温度制御ができない

ファンコイルユニット方式

（図：外気、ファンコイルユニット、室内空気、冷温水管、中央機械室、外気用空調機、冷温水発生機）

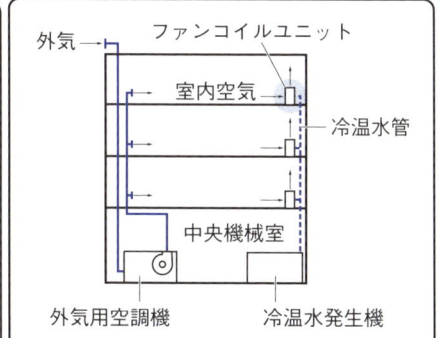

長所
- 各室ごとに温度調整ができる
- ペリメータ空調に適する

短所
- ファンコイルユニットが分散して配置されるため、保守管理に手間がかかる。
- 別途、換気システムを要する

パッケージユニット方式

（図：各階機械室、室外機、外気、吸気、室内機（パッケージユニット））

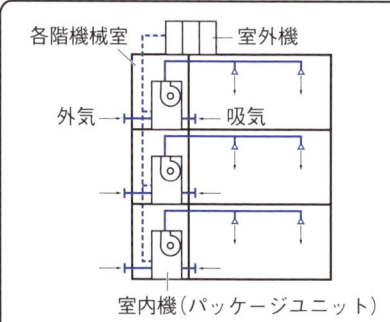

長所
- フロアごとの運転制御ができる
- ダクトスペースを縮小できる
- 中央機械室を要しない

短所
- 室内機が分散して配置されるため、保守管理に手間がかかる
- フロアごとに機械室を要する

ビル用マルチエアコン方式

（図：外気用空調機、室外機、外気、冷媒管、室内機）

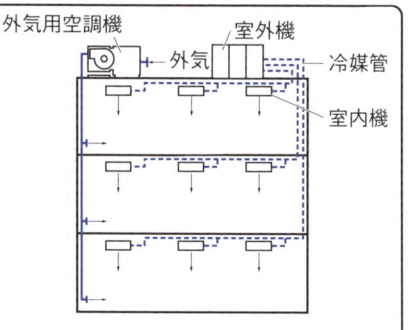

長所
- 部分空調・個別運転ができる
- 機種選択、設置などの自由度が高い
- ダクトスペースを縮小できる
- 中央機械室を要しない

短所
- 室内機が分散して配置されるため、保守管理に手間がかかる
- 別途、換気システムを要する

4・空調・換気設備

4-7 単一ダクト方式による空調設備

●単一ダクト方式の基本構成

　単一ダクト方式の空調設備の構成は規模や用途などでさまざまですが、ここでは最もシンプルな基本構成を解説します。単一ダクト方式では図4-7-1の構成図のように「空調機」「冷凍機」「冷却塔」「ボイラ」「配管」「ダクト」「吹出・吸込口」などで構成されています。

　設備の心臓部となるのは空調機です。空調機の内部は「エアフィルタ」「加熱コイル」「冷却コイル」「加湿器」「送風機」などで構成されています。

　心臓部となる空調機をサポートするのが冷凍機やボイラなどの熱源機器です。冷凍機は基本的にはヒートポンプの原理で働いています。内部の蒸発器、膨張弁、凝縮器、圧縮機で冷凍サイクルを起こして冷水を空調機に供給します。冷凍機に付随してその働きを助けるのが冷却塔で、冷凍機の凝縮器からの熱を逃して冷却の手助けをしています。ボイラは給湯設備の熱源としても使われますが、単一ダクト方式の空調設備でもボイラは使われます。空調機に温水を供給するのがボイラの役割です。

●調和された空気が各室に届けられるまで

　①外気からの新鮮空気を外気ダクト、室内からの空気を還気ダクトで取り入れ、混合します。②混合した空気をフィルタで浄化します。③浄化された空気は加熱・冷却コイル、加湿器などで温度、湿度の調節をして調和された空気をつくります。④調和された空気は送風機→給気ダクト→アネモスタッドなどの吹出口を通して各室に届けられます。

　届けられた空気は吸込口から還気ダクトで再び空調機に戻りますが、還気（リターンエア）だけでは換気ができないので、外気も取り入れ、混合して換気をしています。また、混合空気にする理由は、外気だけでは温度差などから空調の負荷が大きくなってしまうからです。

図 4-7-1　単一ダクト方式の基本構成

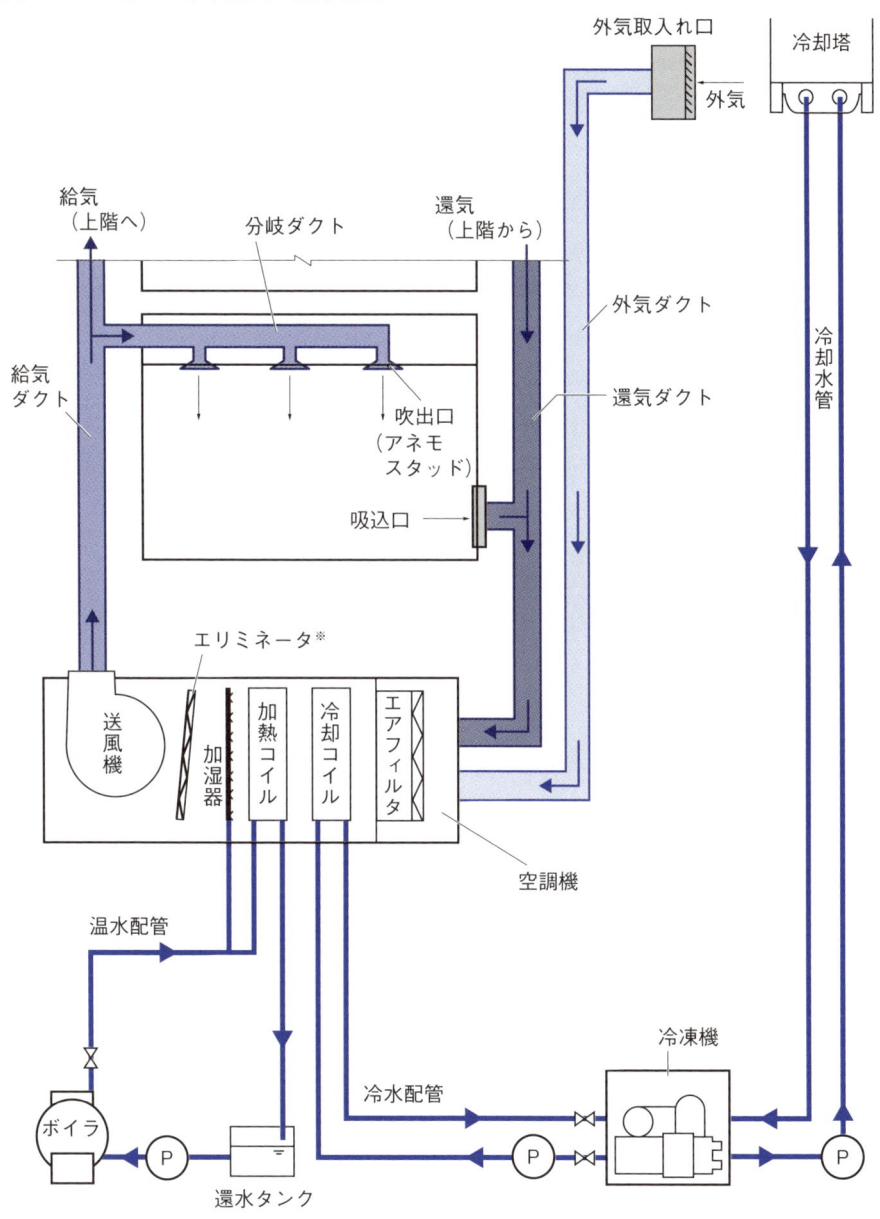

※エリミネータとは加湿された空気から水分を分離させて、送風機や給気ダクトに水滴が飛散するのを防ぐ除滴板のこと

4-8 送風機・ダクト・吹出口

●遠心送風機と軸流送風機

　空調設備で使われる送風機には「遠心送風機」や「軸流送風機」などがあります（図4-8-1）。遠心送風機は遠心力を利用して遠くまで空気を押し出す送風機です。代用的ものに「シロッコファン」「リミットロードファン」「クロスフローファン」などがあります。シロッコファンやリミットロードファンは単一ダクト空調方式の空調機に組み込まれています。クロスフローファンは横長でワイドに空気を送り出すことができるので、一般住宅のエアコン室内機などに内蔵されている送風機です。

　軸流送風機はモータの軸と同一方向に空気を送る送風機で、ダクト内部の中継用、換気用などさまざまな用途で使われています。

●ダクトと吹出口

　建物の空調や換気設備で使われるダクトには、亜鉛鉄板などを加工した「角ダクト」や「丸ダクト」があります（図4-8-2）。ダクトは空気の通り道、つまり風道となります。ダクトの経路で変形などが多いと抵抗が大きくなり、振動や騒音の原因にもなり、搬送エネルギーにも負担がかかりますので、極力圧力損失の少ないダクトの経路になるように設計段階から計画します。

　ダクトの断面形状については、角ダクトより丸ダクトの方が抵抗が少ないので高速で風を送る性能に優れています。角ダクトは断面形状を扁平にしすぎると抵抗が大きくなるので、図4-8-2のように「アスペクト比」が設定されています。アスペクト比は1.5～2程度が理想的とされています。

　ダクトで送られてきた調和された空気の出口が吹出口です。天井に埋め込み、放射状に空気を送る「アネモスタッド型」、横長でワイドに空気を送る「ライン型」、壁に取り付け、格子状の羽根で風向を調節できる「ユニバーサル型」などがあります（図4-8-3）。

図 4-8-1 遠心送風機と軸流送風機

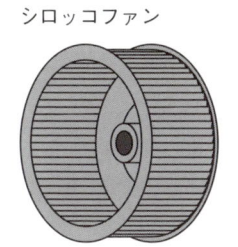

シロッコファン

リミットロードファン

クロスフローファン

軸流送風機

- フィルタ
- 冷却フィン
- クロスフローファン
- レンパン
- ドレン（排水）
- 風向ルーパー

図 4-8-2 角ダクトと丸ダクト

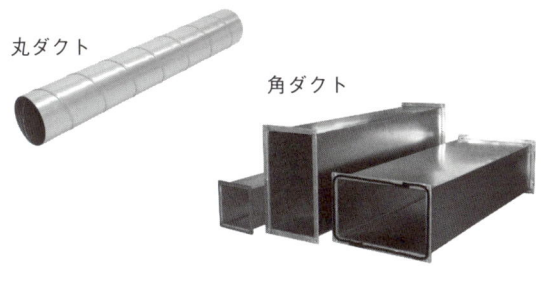

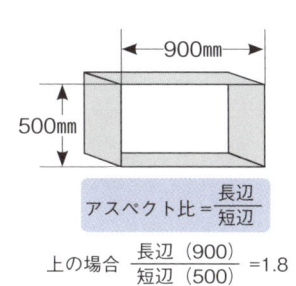

丸ダクト

角ダクト

900mm
500mm

$$\text{アスペクト比} = \frac{\text{長辺}}{\text{短辺}}$$

上の場合 $\dfrac{\text{長辺（900）}}{\text{短辺（500）}} = 1.8$

（写真提供：株式会社フカガワ）

図 4-8-3 吹出口の種類

ライン型

アネモスタッド型

ユニバーサル型

（写真提供：空調技研工業株式会社）

4-9 インテリアゾーン・ペリメータゾーンの空調設備

●インテリアゾーンとペリメータゾーン

　インテリアゾーンとは比較的外部の熱的影響を受けにくい建物の内部、ペリメータゾーンとは外部の熱的影響を受けやすい建物の外周部、概ね外壁から3.5～5mのゾーンのことです。ペリメータゾーンでは夏期に暑い外気の伝導・対流・放射の影響を受け、冬期にも寒い外気の影響で窓を下降するコールドドラフトが発生しやすくなり足元が冷えます。このように建物の外周部は外気の影響を受けやすいのと同時に、内部の熱損失もしやすい場所なので、空調設備の負荷、効率を大きく左右します。

●空調のゾーニングとペリメータゾーンの温熱環境改善

　空調設備の計画をするときには用途、規模、使用時間、効率などを考慮して建物をいくつかの区域に分割して考えることがあります。これが空調のゾーニングです。ゾーニングの一例としてインテリアゾーンとペリメータゾーンを分割して異種の空調方式を併用するような場合があります。例えば「ダクト併用ファンコイルユニット方式」では、ペリメータゾーンにはファンコイルユニットで冷温風を供給し、インテリアゾーンには機械室などで調和された空気をダクトで供給します（図4-9-1）。比較的大規模なビルなどで採用される空調方式です。

　ペリメータゾーンの温熱環境改善についてはさまざまな方法があります（図4-9-2）。専用のペリメータファンで外気負荷を受けた空気を排気する方法、窓ガラスを二重構造にして内部の外気負荷を受けた空気を排気する「エアーフローウィンドウ」、前述したファンコイルユニットによる空調も代表的なペリメータゾーンの温熱環境の改善方法です。また、詳しくは7章で紹介しますが「ダブルスキン」や「エアサイクル」のように機械的な動力を使わない、設計上の工夫による温熱環境改善方法もあります。

図 4-9-1　空調ゾーニングの一例

ダクト併用ファンコイルユニット方式

外部
内部
3.5～5m
ファンコイルユニット
吹出口
インテリアゾーン
窓
3.5～5m
3.5～5m
ダクト
ダクト(機械室より)
ペリメータゾーン
3.5～5m

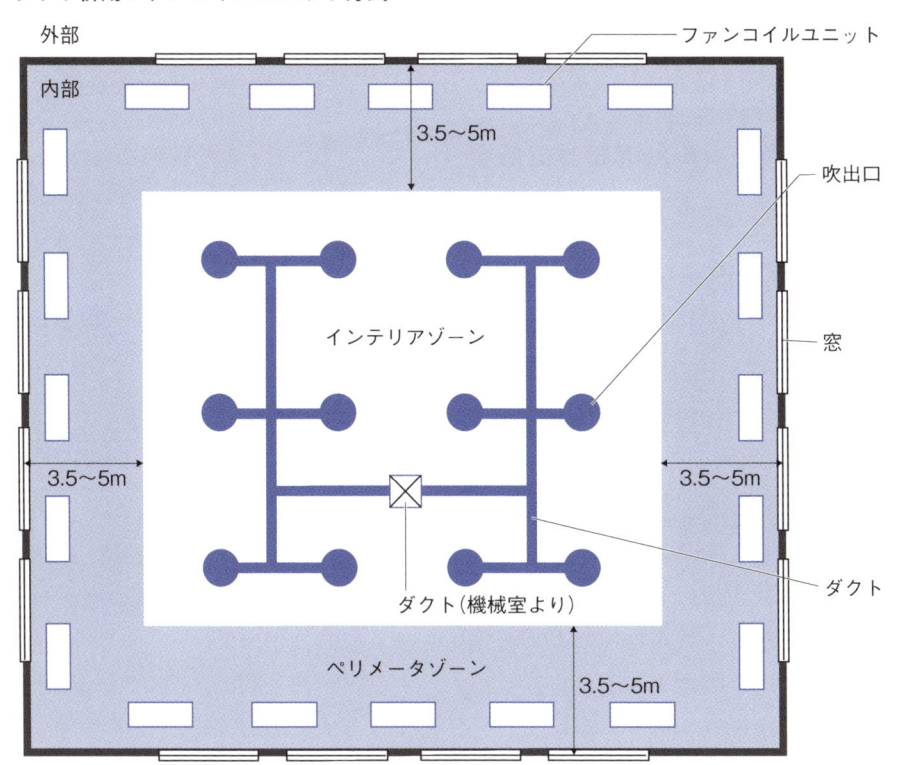

図 4-9-2　ペリメータゾーンの温熱環境改善

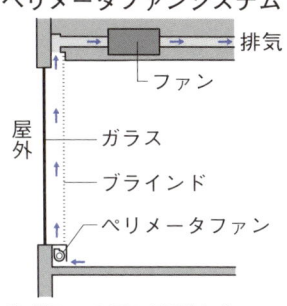

ペリメータファンシステム

屋外 — 排気、ファン、ガラス、ブラインド、ペリメータファン

窓ガラスの下に配置したペリメータファンと天井のファンで外気負荷を受けた空気を排気

エアーフローウィンドゥ

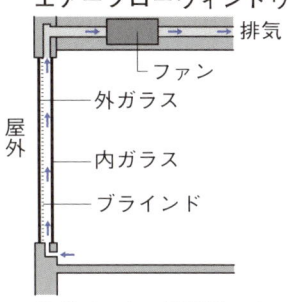

屋外 — 排気、ファン、外ガラス、内ガラス、ブラインド

窓ガラスを二重構造にして、内部の外気負荷を受けた空気を排気

ファンコイルユニット

屋外 — ガラス、ファンコイルユニット

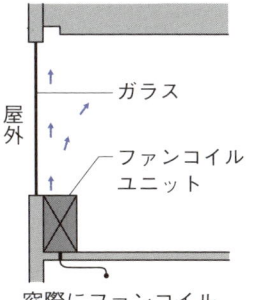

窓際にファンコイルユニットを配置して、外気負荷を受けた空気を熱源により処理

4・空調・換気設備

4-10 ビル用マルチエアコンによる空調設備

●ビル用マルチエアコンの概要

　ビル用マルチエアコンは通称ビルマルといわれる空調設備です。屋上などに設置した1台の室外機に複数台の室内機を冷媒管で接続してヒートポンプの原理で冷暖房を行います（図4-10-1）。基本的な構造は一般家庭のエアコンと似ているので、建物の利用者としても比較的馴染みやすい空調設備といえるでしょう。室内機は用途や設置環境などに応じて「天井カセット型」「天井ビルトイン型」「天井吊り型」「床置型」「壁掛型」などから選択できます（図4-10-2）。

　ビル用マルチエアコンの用途としては、営業時間や営業日が異なる中小規模の貸事務所や店舗ビル、マンションなど集合住宅でも採用されています。近年では制御性のよさ、省エネルギー性能の高さ、設置の自由度の高さなどが評価されて、大規模なビルでも採用される傾向にあります。

　換気に関しては一般的には換気用の外調機や全熱交換器（102ページ参照）などから送風機、ダクトを経由して外気を取り入れる必要があります。

●ビル用マルチエアコンの特徴

　単一ダクト方式では一括で管理された冷温風が吹出口から送られるので、部分空調や細かな温度制御などができませんが、ビル用マルチエアコンでは室内機ごとの単独運転や個別制御が比較的簡単なリモコン操作で可能となります（図4-10-3）。単独運転・個別制御ができるメリットは、在館者がいないエリアでの無駄な運転を停止できること、あるいは、近年の高気密のオフィスビルなどではOA機器の発熱などで冬でも冷房が必要な場合がありますが、このようなケースでも冷暖房の同時運転などで区画に応じた対応ができます。その他のメリットとしては、単一ダクト方式のように空調機を必要としないので、機械室を省スペース化できます。デメリットとしては室内機が分散して設置されるため、保守管理にやや手間がかかります。

図 4-10-1　ビル用マルチエアコンのイメージ

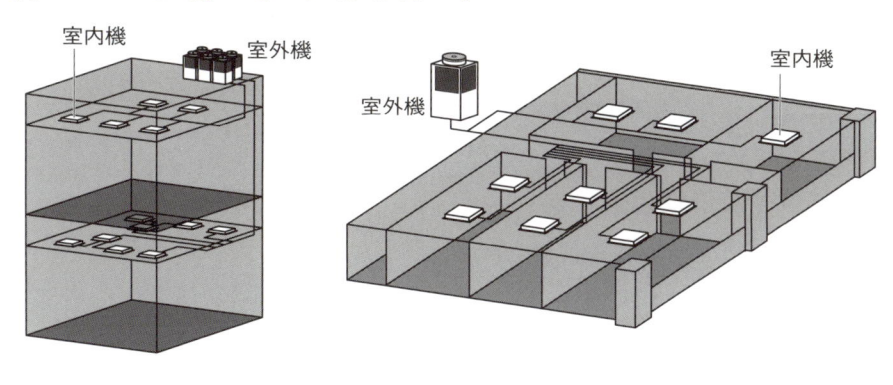

図 4-10-2　室内機の種類

天井カセット型

天井ビルトイン型

天井吊り型

床置型

壁掛型

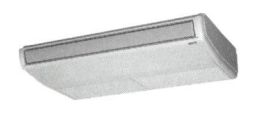

天井カセット型などでは吹出方向を1方向、2方向、4方向から選択することができる

（写真提供：三菱重工株式会社）

図 4-10-3　ビル用マルチエアコンの制御のイメージ

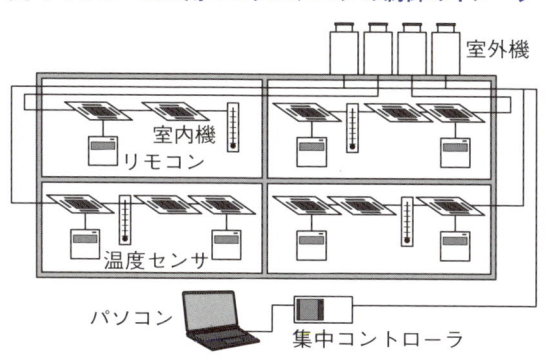

単独運転、個別制御がリモコン操作で可能だが、利用者によっては不適切な温度設定にするようなことも考えられる。このようなことから大規模なビルなどでは、パソコンの制御ソフトによって消費電力、温度、入退館（在館者の有無）の状況などを収集して、建物全体で常に最適な空調効率が得られるように一括管理による運転制御システムを導入する例も多く見られる

4・空調・換気設備

4-11 空調設備の維持管理・メンテナンス

●事後保全と予防保全

　設備機器の故障が起きる前に点検、清掃などメンテナンスの対策をすることを「予防保全（preventive maintenance：PM）」、故障が起こってから修理、メンテナンスなどをすることを「事後保全（breakdown maintenance：BM）」といいます。予防保全は設備が常に正常に運転できる状態を保つために点検、調整、消耗部品の交換、清掃などを行って故障を未然に防ぐ考え方です。予防保全を行っていても故障が発生する場合もありますので、その場合は事後保全で修理することになりますが、はじめから事後保全を前提として予防保全を怠ると当然、故障のリスクは高くなります。空調機、冷凍機、ボイラ、送風機などの法定耐用年数は15年といわれています。一般に事後保全だけでは法定耐用年数をまっとうできませんので、壊れる前に予防保全することで機器の寿命が伸び、耐用年数を超えて使用できる場合もあります。

　大規模なオフィスビルでは空調設備に関する予防保全の項目も多岐に渡りますが、予防保全のポイントとしては日常・定期点検、消耗部品などの交換を適切に行ったうえで「清掃」することです。例えば空調機のフィルターの洗浄、ドレンパンの清掃、ダクト内部、吹出・吸込口の清掃、冷却塔の洗浄など機器をきれいな状態で保つことが重要です（図4-11-1）。清掃を怠るとせっかく空調しても汚れた空気をまき散らすことになりかねませんし、汚れが機器に入り込んで、故障、臭い、騒音、振動、水漏れなどさまざまなトラブルの原因になり、結果、運転効率の悪化、エネルギーのロスになります。なお、一般家庭のエアコンについても予防保全は肝心です。室内機のフィルターの清掃、吹出口の掃除、室外機のまわりに障害物を置かないなどです。

　空調設備は機械の集まりですが、人がつくったものですので、大切に使ってあげれば気持ちが通じるのか、それなりに働いてくれるものです。

図4-11-1　空調設備のさまざまな清掃

空調機の分解清掃

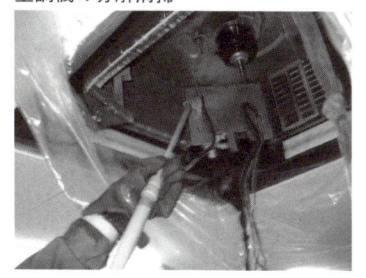

空調機のフィルター洗浄

冷却塔の高圧洗浄

（写真提供：株式会社ジェット）

ロボットによるダクト清掃

大きなダクトは人が直接入って清掃する場合もあるが、径の小さなダクトについては電動ブラシや空気噴射ノズルなどを先端に取り付けたロボットをダクトに挿入して集塵機に集めるなどで清掃する。ダクト内部の埃などの汚れは空調効率にも影響するが、特に厨房のダクトなどでは油分を含んだ埃に引火する危険性もあるので、防火の観点からも定期的に清掃する必要がある

（写真提供：エム・ティ・システム株式会社）

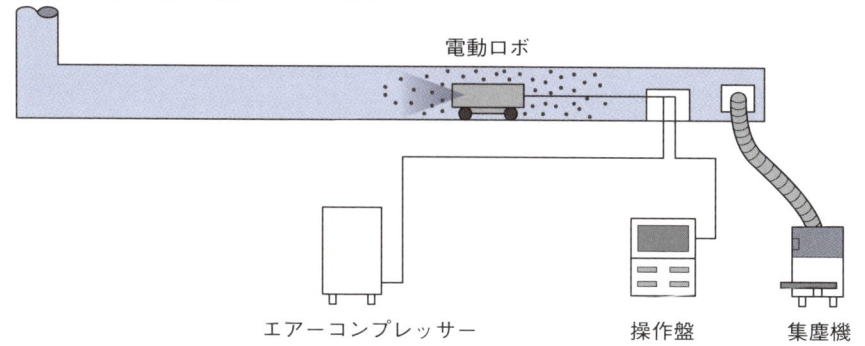

電動ロボ

エアーコンプレッサー　　操作盤　　集塵機

4-12 換気の目的と種類

●換気の目的

　換気の主な目的は、①酸素の供給、②空気の浄化、③熱の除去、④水蒸気の除去です。①は人が生きていくうえで欠かせない酸素の供給、厨房など燃焼機器への酸素の供給もします。②はタバコの臭い、体臭などの臭気、ホルムアルデヒドなどの汚染物質、その他粉塵などを除去します。③はキッチンなどからの熱、OA機器やボイラなどからの熱を除去します。④は浴室、キッチン、床下などの過剰な水蒸気を除去します（表4-12-1）。

　換気と似た言葉で「通風」がありますが、通風は概ね、0.5m/秒以上の気流を感じさせて風を通すことが目的で、換気は気流を感じさせないように空気を入れ替えることを目的としていますので、若干ニュアンスが違います。

●換気の種類

　換気の範囲に応じた分類としては「全般換気」「局所換気」があります（図4-12-1）。全般換気は建物全体の換気で、次の節で紹介するシックハウス対策の24時間換気などが全般換気に該当します。局所換気はキッチン、浴室、トイレなどの局所的な換気のことです。

　換気の種類を換気方法で大別すると「自然換気」「機械換気」に分けられます（図4-12-1）。自然換気は機械を使わない換気でパッシブ換気ともいわれ、「風力換気」と「温度差換気」があります。風力換気は2箇所以上窓を開けて風圧差で換気します。温度差換気は温かい空気は上へ冷たい空気は下へといったように、空気の温度差による比重の違いを利用して換気します。

　機械換気は機械によって強制的に換気することから強制換気ともいわれます。給・排気共に機械（送風機）を使う「第1種換気」、給気を機械、排気を自然（通気口）による「第2種換気」、給気を自然、排気を機械による「第3種換気」があります（図4-12-2）。

表 4-12-1　換気の目的

	目的	対象となる室
酸素の供給	人など生物への酸素の供給のほか、厨房など燃焼機器への酸素の供給	居室、キッチン、厨房、ボイラ室など
空気の清浄	タバコの臭い、体臭などの臭気、ホルムアルデヒドなどの汚染物質、その他粉塵などの除去	居室、トイレ、ロッカールーム、更衣室、倉庫など
熱の除去	キッチンなどから出る熱のほか、OA機器やボイラなどから出る熱の除去	キッチン、厨房、電気室、機械室、ボイラ室など
水蒸気の除去	浴室、キッチン、床下など湿気がたまりやすい箇所の水蒸気の除去	浴室、更衣室、床下、屋根裏など

図 4-12-1　換気の種類

換気の範囲 ─┬─ 全般換気
　　　　　　└─ 局所換気

換気の方法 ─┬─ 自然換気 ─┬─ 風力換気
　　　　　　│　　　　　　└─ 温度差換気
　　　　　　└─ 機械換気 ─┬─ 第1種換気
　　　　　　　　　　　　　├─ 第2種換気
　　　　　　　　　　　　　└─ 第3種換気

図 4-12-2　機械換気の種類

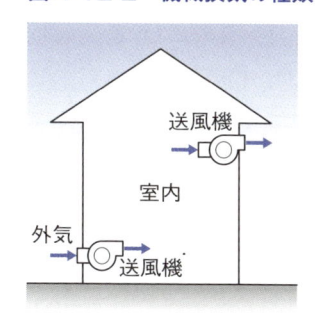

第1種換気設備
給気と排気の両方を機械（送風機）で強制的に行う。映画館や地下街など、確実に給・排気をコントロールしたい室に適している

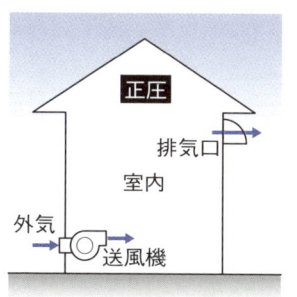

第2種換気設備
給気を機械（送風機）で強制的に行い、排気は自然換気で行う。手術室やクリーンルームなど、特に汚染空気の侵入を嫌う室に適している

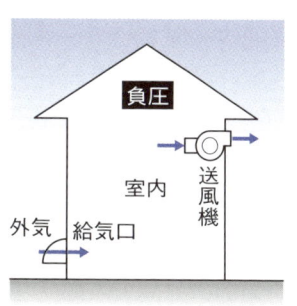

第3種換気設備
排気を機械（送風機）で強制的に行い、給気は自然換気で行う。トイレ、浴室、洗面室、キッチンなど局所的な換気に適している

4-13 居室における シックハウス対策

●シックハウスの概要

　日本の経済が高度成長した1960年頃からホルムアルデヒドを含んだいわゆる「新建材」が流通するようになりました。安くて丈夫で均一性のとれた建材を大量生産した代償として問題化されたのがシックハウスやシックビル症候群です。昔の日本の在来工法の建物は無垢の木材が主流でしたし、建物に適度に隙間がありました。現代の高気密傾向にある建物の構造もシックハウスが問題化された要因です。ホルムアルデヒドには発がん性があり、吐き気、頭痛、めまい、喉の痛みなどを発症します。

●シックハウス対策

　シックハウスの対策としては、なにより換気を行うこと、ホルムアルデヒドの発生源となる建材を使わないことが有効です。

　2003年7月に改正建築基準法が施行されてシックハウス対策が強化されました。改正以前は換気といえば台所、浴室、洗面、トイレの局所換気でしたが、改正後はリビング、寝室、子供部屋などの居室に1時間で室内の空気の半分が入れ替わる容量の「24時間換気」などの機械換気対策が義務付けられました（図4-13-1）。なお、居室とは居住、執務、作業、集会などの目的で継続的に使用する室のことなので、オフィスビルの事務所、ホテル、店舗などさまざまな建物がシックハウス対策の対象となります。

　規制の対象となる汚染物質はホルムアルデヒド、シロアリなどの駆除剤で使われるクロルピリホスです。ホルムアルデヒドには使用の制限、クロルピリホスについては使用自体を禁止しています。

　対策の概要については図4-13-2で示しますが、①内装仕上げの制限、②換気設備設置の義務付け、③天井裏などの制限、以上をシックハウス対策として義務付けられています。

図 4-13-1　24 時間換気の概念図

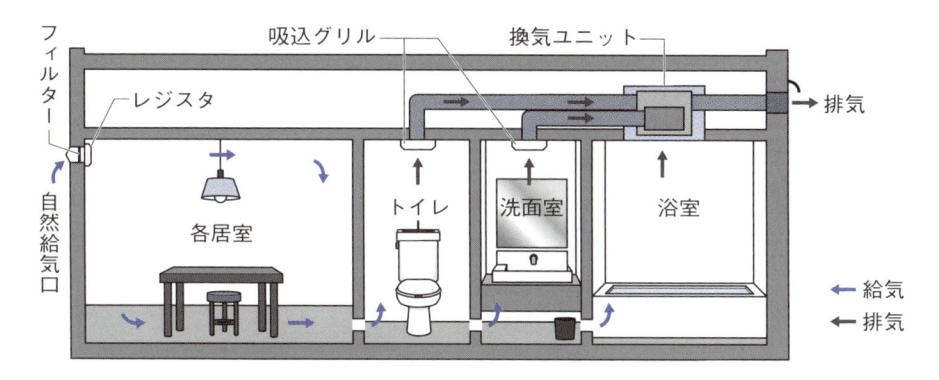

図 4-13-2　シックハウス対策の概要

対策①内装仕上げの制限

ホルムアルデヒドを発散する建材の使用面積を制限する。面積制限がないのは F ☆☆☆☆ のみ

建築材料の区分	ホルムアルデヒドの発散量	JIS、JAS などの表示記号	内装仕上げの制限
建築基準法の規制対象外	少ない ↑	F ☆☆☆☆	制限なしに使える
第3種ホルムアルデヒド発散建築材料		F ☆☆☆	使用面積が制限される
第2種ホルムアルデヒド発散建築材料		F ☆☆	
第1種ホルムアルデヒド発散建築材料	↓ 多い	旧 E2、Fc2 または表示なし	使用禁止

対策②換気設備設置の義務付け

ホルムアルデヒドは建材だけでなく家具などからの発生も考えられるので、原則すべての居室に1時間で室内の半分の空気が入れ替わる容量の機械換気設備を設置しなければならない。なお、シックハウスに対応する一般住宅の24時間換気では第1種・第3種換気が多く用いられている

対策③天井裏などの制限

天井裏などとは天井裏、屋根裏。床下、壁の内部などのこと。また、押入れやウォークインクローゼットなどの収納スペースについては天井裏などに含まれるが、次の節で示すような換気経路の途中にある場合は居室とみなす。
次の1〜3のいずれかの対策が必要になるが、最も簡単でローコストなのは1の建材による対策
1. 建材による対策
　　第1種、第2種ホルムアルデヒド発散建築材料をしようしないこと。つまり使用建材をF ☆☆☆以上とすること
2. 気密層、通気止めによる対策
　　気密層や通気止めをして天井裏などと居室を完全に遮断する
3. 換気設備による対策
　　天井裏なども機械換気設備で換気する

4-14 換気経路と必要換気量

●換気経路の考え方

　換気のそもそもの目的は建物の屋内と屋外の空気の入れ替えなので、効率よく換気を行うためには建物内を流れる空気の道筋、つまり「換気経路」を考えなければなりません。例えば換気経路を無視して排気ファンと給気ファンを隣り合わせに設置したらどうでしょう。せっかく排除された汚れた空気が再び建物内に取り込まれ、換気どころか汚染空気を室内に循環させることになってしまいます。このようなことにならないように換気経路はできるだけ長く確保するようにし、経路を遮る各室のドアには換気用の「ガラリ」や「アンダーカット」するなどして空気の道筋を確保します（図4-14-1）。一般的な住宅の代表的な換気経路としては、リビングやダイニングなどの居室で給気し、廊下を経由してトイレや浴室で排気します。また、換気経路の計画の際は近隣への配慮も忘れてはいけません。自分の建物の排気ファンが隣の家の給気ファンと向かい合わせに設置するということがあってはいけません。

●必要換気量とは

　必要換気量とは適正な室内環境を保つために最低限必要とされる外気の量のことです。必要換気量の求め方は、「1人当たりの占有面積から求める方法」、「部屋の必要換気回数から求める方法」、「汚染物質が発生される室を許容濃度以下に保つ計算方法」、「機械室などにおける機器の発熱量から求める方法」など部屋の種類や用途に応じてさまざまな計算方法があります。

　表4-14-1に建築基準法による1人当たりの占有面積から求める方法の計算式と建物用途別による1人当たりの占有面積を示します。計算式の20の意味は成人男子が平静に座っている状態でのCO_2の排出量にもとづく必要換気量のことです。また、1人当たりの占有面積が10㎡を超える居室においては、10㎡として計算します。

図 4-14-1　換気経路

← 給気
← 排気

ガラリ

アンダーカット

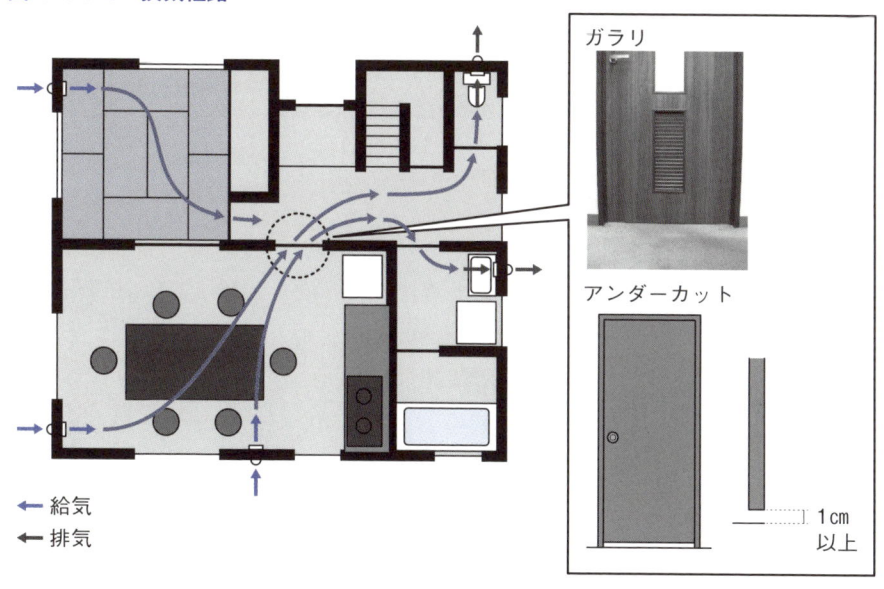

1cm以上

表 4-14-1　必要換気量（1人当たりの占有面積から求める方法）

$$必要換気量（m^3/h）= \frac{20 \times 居室の床面積（m^2）}{1人当たりの占有面積（m^2）}$$

建築用途	単位当たり算定人員	1人当たり占有面積(m^2)	
公会堂・集会場	同時に収容し得る人員	0.5〜1	
劇場・映画館・演芸場	同時に収容し得る人員	0.5〜1	
体育館	同時に収容し得る人員	0.5〜1	
病院・療養所・伝染病院		5	居室の床面積
診療所・医院・店舗・マーケット		3	営業用途に供する部分の床面積
保育所・幼稚園・小学校	同時に収容し得る人員		
中学校・高等学校・大学・各種学校	同時に収容し得る人員		
図書館	同時に収容し得る人員	3	
事務所		5	事務所の床面積
工場・作業所・管理室	作業人員		

例えば、床面積600m²、無窓階事務所の必要換気量を求める場合、表から事務所の1人当たりの占有面積は5m²と読みとれるので、あとはそれぞれの値を算定式に代入する。
必要換気量＝ 20 × 600/5 ＝ 2,400m³/h となる

4-15 各種換気扇と全熱交換器

●換気扇の種類

　換気を行う代表的な機器が換気扇です。空調設備の送風機と同様に軸流式や遠心式で換気します。最も見慣れたものとしては「一般換気扇」があります。軸流送風機の最もわかりやすい例です。壁や窓に取り付け、屋外側にシャッターが風圧や電気的に連動して開閉します。「パイプ用ファン」は住宅などのトイレ、浴室、洗面などの比較的狭い空間で用いられる小型の換気扇です。低騒音、高効率なものや、人感センサや湿度センサが付いたもの、シャッターの密閉度の高い製品などが各社から製品化されています。他にも天井裏に埋め込みダクトで換気する「ダクト用換気扇」、一般住宅などではあまり使われませんが工場などでより強力な換気などに使われる「有圧換気扇」、キッチンなどでお馴染みの「レンジフードファン」、ダクトの中継用などに使う「中間ダクトファン」などがあります（図4-15-1）。

●全熱交換器とは

　せっかく部屋を暖めたのに、換気によって部屋がすっかり冷めてしまった経験はないでしょうか。一般に換気扇は排気の際に屋内の汚れた空気と一緒に熱も捨ててしまいます。熱を捨てると冷暖房の負荷が大きくなってしまい、エネルギーのロスが生じます。このような諸問題を解決できる換気システムが「全熱交換器」です。全熱交換器は給気時に冷気や暖気を回収して、外気を屋内の温度に近づけた新鮮な空気を取り込み、熱と分離された汚れは排気します（図4-15-2）。全熱交換器は熱交換を行いながら給気と排気を同時に行えるので、換気の方式としては第1種換気に該当します。

　全熱交換器は熱回収できる特性上、冷暖房の負荷を軽減することができる省エネ型の換気システムです。シックハウス対策の24時間換気にも適しているといえます。

図 4-15-1　換気扇の種類

一般換気扇　　　　　　パイプ用ファン　　　　　　ダクト用換気扇

レンジフードファン　　　有圧換気扇

（写真提供：三菱電機株式会社）

図 4-15-2　全熱交換器のしくみ

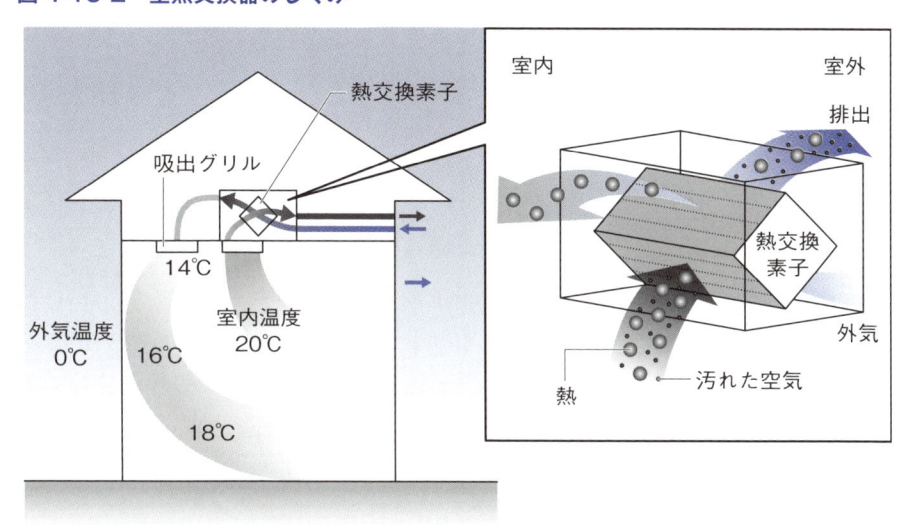

熱交換素子
吸出グリル
14℃
外気温度 0℃
室内温度 20℃
16℃
18℃

室内　　室外
排出
熱交換素子
外気
熱　　汚れた空気

4-16 暖房の種類と放熱器

●暖房の種類

　一般住宅においては通年エアコンで過ごす例も少なくありません。また、オフィスビルなどにおいても空調設備が整っていれば、個別に暖房設備を入れない例もあります。ただ、厳寒期や特に寒冷地などでは個別の暖房設備が必要になってきます。外気との気温差を考えてみると、仮に夏期に外気が30℃、室内の設定温度を25℃とすると温度差は5℃ですが、冬期の場合は外気を0℃、室内を20℃としても、温度差は20℃ありますので、負荷としては冷房よりも暖房の方が大きくなる傾向があります。

　暖房の種類としては「個別暖房」と「中央暖房」に大きく分けることができます。個別暖房は石油ファンヒータやカーボンヒータなど比較的狭い限定されたエリアの暖房です。中央暖房はセントラルヒーティングともいわれ1箇所に集約された機械室などの熱源機器から温水、蒸気、温風などの供給を受けて大規模に暖房を行うシステムです。

　放熱方式としては「対流暖房」「放射暖房」があります（図4-16-1）。対流暖房は温風による強制対流、あるいは温度差による自然対流による暖房です。放射暖房は空間を伝わる放射熱を利用した暖房です。

●放熱器の種類

　放熱器の種類としては各メーカーからさまざまなものが製品化されています。個別暖房の放熱器には、石油ファンヒータ、石油ストーブ、ガスファンヒータ、セラミックファンヒータ、オイルヒータ、カーボンヒータ、ハロゲンヒータ、蓄熱式暖房機、こたつ、ホットカーペットなど切りがないほどありますが、代表的なものをいくつか図4-16-2に示します。大規模な建物の中央暖房で用いられる放熱器もさまざまですが、代表的なものにベースボードヒータ、ファンコンベクタ、パネルヒータなどがあります。

図 4-16-1　放熱方式の分類

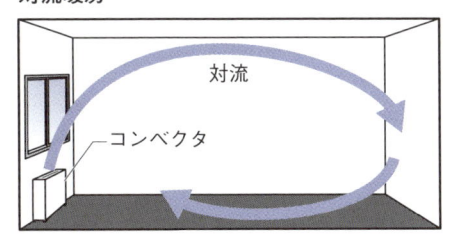

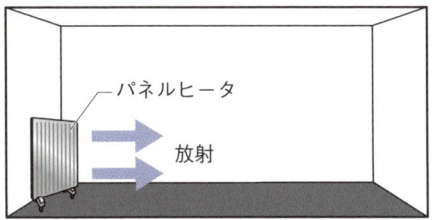

対流暖房　コンベクタ／対流

放射暖房　パネルヒータ／放射

図 4-16-2　放熱器

一般住宅の個別暖房の放熱器

対流暖房

- **石油ファンヒータ**：灯油を燃焼させてファンにより温風を送る。速暖性はあるが、空気を汚し、換気が必要
- **ガスファンヒータ**：ガスを燃焼させてファンにより温風を送る。速暖性があり、燃料補給の手間が省けるが、空気を汚し、換気が必要
- **セラミックファンヒータ**：ファンにより回収した空気をセラミックで暖めて温風を送る。除菌や加湿機能がついている製品もある。消費電力がやや高い

放射暖房

- **オイルヒータ**：暖めたオイルを循環させて放熱板から放熱する。空気を汚さず音が静か。速暖性には劣る
- **カーボンヒータ**：カーボンから発生される放射熱で暖める。速暖性はあるが部屋全体を暖める能力に劣る
- **蓄熱式暖房機**：レンガなどの蓄熱帯に熱を蓄えて放熱する。割安な夜間の電力を利用できるのでランニングコストは安くなるが、イニシャルコストはやや割高

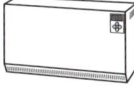

オフィスビルなどの中央暖房の放熱器

対流暖房

- **ベースボードヒータ**：横長で、ワイドに放熱ができることから、窓際のコールドドラフト防止など、ペリメータゾーンの暖房に特に有効
- **ファンコンベクタ**：ケーシング内部のフィン付きコイルに蒸気や温水を通しファンによって放熱させる

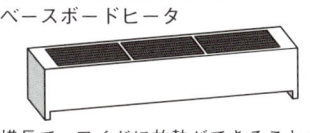

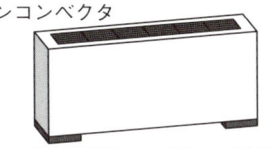

放射暖房

- **パネルヒータ**：パネルの中のコイルに温水や蒸気を流し、放熱する。間仕切壁や、天井などにパネルヒータを使うなど、建築と一体化させた使い方も多く見られる

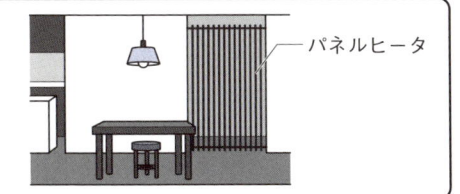

4-17 床暖房

●床暖房の特徴

　床暖房は放射暖房の代表的な例です。温風の吹出しや燃焼装置の必要がないので空気を汚すことがありません。じんわりと足元から部屋を均一に温かくするので、頭寒足熱効果があり、高齢者にもやさしい暖房設備です。ただし、長時間床に寝そべるような使い方をすると、低温火傷の恐れもありますのでうっかり寝てしまわないように注意が必要です。

　近年では蓄熱効果のあるものや、給湯と併用させた省エネ型タイプが主流なので、イニシャルコストとしては簡易的な個別暖房機器より高くなりますが、ランニングコストを抑えられる傾向にあります。

●電気式床暖房と温水式床暖房

　床暖房は主にヒータによる発熱を利用した「電気式床暖房」と、ガスや電気などの熱源で温水をつくり、温水管の中を循環させる「温水式床暖房」があります。図4-17-1にその概要を示します。

　電気式床暖房には「伝熱線式」「蓄熱式」「PTC式」などがあります。伝熱線式は伝熱線ヒータを床下に張り巡らせたものです。床暖房の中では最もイニシャルコストを抑えられますが、夜間の割安な電力利用するタイプではないので、電気代が割高になる傾向があります。蓄熱式は夜間の割安な電力で蓄熱材に熱を蓄え、使用時には蓄えた熱を放熱させるもので、省エネ型の床暖房です。PTC式は薄いフィルム状の発熱体を用いた床暖房で、PTCフィルム自体に感知機能があり、家具の下などの無駄な発熱を部分的に制御して電力エネルギーのロスを抑えます。

　温水式床暖房は近年ではエコキュートやエコジョーズ（170ページ参照）などが主流です。温水管からの熱を床材で直接受けるタイプや温水管をモルタルに埋設して蓄熱効果を利用するタイプなどがあります。

図 4-17-1　床暖房の種類

電気式床暖房

伝熱線式

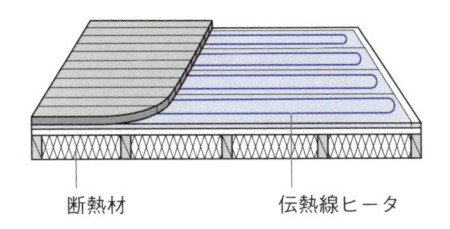

断熱材　　伝熱線ヒータ

蓄熱式
夜間
（夜10時～朝8時）
の割安な電力を
利用

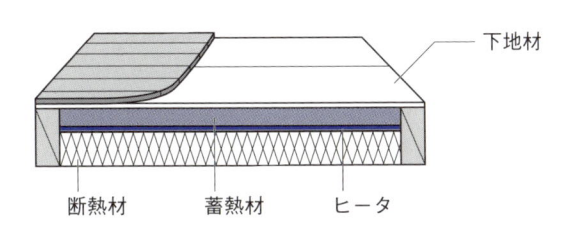

下地材

断熱材　蓄熱材　ヒータ

PTC 式

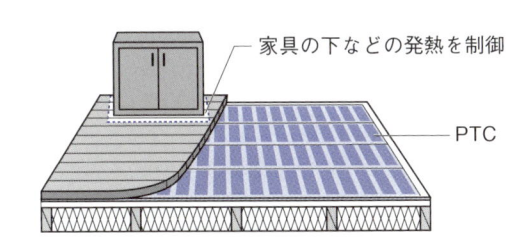

家具の下などの発熱を制御
PTC

温水式床暖房

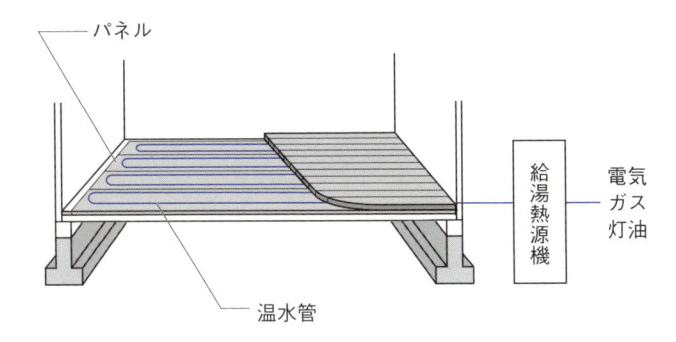

パネル

給湯熱源機　電気／ガス／灯油

温水管

4-18 空調・換気設備図面の種類と図示記号

●空調・換気設備図面の種類

　空調・換気設備にはさまざまな図面が必要になります。案内配置図、特記仕様書、機器表、ダクト系統図、各階ダクト平面図、配管系統図、各階配管平面図などです。さらに機械室などダクトや配管が集まるところについては機械室ダクト詳細図や機械室配管平面図なども必要です。どの図面についても作図の意図や内容が違うのでそれぞれ重要ですが、特にダクトや配管の系統図、平面図については空調・換気設備の全体構成や概要を把握するうえで欠かせない図面といえます。

　例えば単一ダクト方式のダクト系統図であれば、防火区画を通過するファイヤーダンパ（FD）、吹出口、吸込口、ボイラ、空調機、送風機などの各種機器類と、外気・還気・給気ダクトがどのように配置されているのかを把握することができます。

　配管系統図は空調機、各種ポンプ、ボイラ、冷却塔、膨張タンクなどの機器類と配管はどのように配置されているのか、あるいはその配管は冷却水管なのか、冷水管なのか、温水管なのかといった配管の種別が判別できるように図示されています。

●空調・換気設備の図示記号

　表4-18-1に空調・換気設備に関するダクト・配管・付属品などの図示記号を示します。ダクトの図示記号には還気ダクトRA、給気ダクトSA、外気ダクトOA、排気ダクトEAなどの省略記号で示されますが、RAはReturn Air、SAはSupply Air、OAはOutside AirまたはOpen Air、EAはExhaust Airといったように英語の頭文字をとったものです。配管についても同様で、例えば冷却水管（往）CDならCool Down water、冷却水管（還）CDRならCool Down water Returnsといったように英語由来の頭文字です。

表 4-18-1　空調・換気設備の図示記号

図示記号	種別	図示記号	種別
\<ダクト\>			壁付吸込み口
——RA——	還気ダクト		天井付吹出し口
	還気ダクト(断面)		天井付吸込み口
——SA——	給気ダクト	\<排煙口・給気口\>	
	給気ダクト(断面)		壁付排煙口
——OA——	外気ダクト		天井付排煙口
	外気ダクト(断面)		給気口
——EA——	排気ダクト	\<配管\>	
	排気ダクト(断面)	—— O ——	油管(往)
——SM——	排煙ダクト	——OR——	油管(還)
	排煙ダクト(断面)	——OV——	油用通気管
	フレキシブルダクト	—— H ——	温水管(往)
H X W	角ダクト	——HR——	温水管(還)
ø 直径	丸ダクト	----SR----	還気管
	角⇔丸ダクト	---- AV----	空気抜管
	角ダクト(拡大)	——HH——	高温水管(往)
	角ダクト(縮小)	——HHR——	高温水管(還)
\<ダンパ\>		—— V ——	通気管
	ダンパ	—— C ——	冷水管(往)
	電動ダンパ	——CR——	冷水管(還)
	分流ダンパ・合流ダンパ	——CH——	冷温水管(往)
\<ガラリ\>		——CHR——	冷温水管(還)
	吸気ガラリ	——CD——	冷却水管(往)
	排気ガラリ	——CDR——	冷却水管(還)
\<吹出し口・吸込み口\>		——RD——	冷媒吐出し管
	壁付吹出し口	——RS——	冷媒吸入管

❗ 設備機器は隠すもの？

　例えばオフィスビルなどの空調設備の空調機、ボイラ、冷凍機など、それら機器の姿を見る人はごく限られた人で、一般の人が見る機会はほとんどありません。もちろん設備機器によっては簡単に立ち入られては危険ということもあります。受変電設備のキュービクルを誰もがのぞくことができたら危険です。エレベーターやエスカレーターなど設備によっては隠れていては機能を発揮できないものもありますが、そういった不特定多数の人が使う設備は、徹底した安全対策を講じる必要があります。

　景観上の理由で設備機器を隠す場合もあります。ビルの屋上の冷却塔や高置水槽などが景観を損ねることから周囲に目隠しのルーバーを設置することが多く見られます。電線の地中化などもいい例です。一般住宅ではどうでしょうか。お洒落な建物にエアコンの室外機がそのまま見えるよりは、ほどほどに隠れていた方がいいように思います。景観に対する観念は個人差もあるとは思いますが、景観法などで規制がかけられている地域はそのルールに従いますし、規制が無いとしても景観に配慮するモラルは誰もが持つべきと思われます。

　前述のように設備機器は人知れず縁の下の力持ちになる場合が多いです。設備屋さんのせっかくの努力を隠してしまうのは惜しい気もしますが、出しゃばらずに良い仕事をするのがプロの設備屋さんです。意匠設計をするデザイナーは設備機器を隠したがる傾向がありますが、店舗などでは天井をスケルトンにして、あえてダクトや配管などを見せるようなデザインをする例もあります。何はともあれ、注意点としてはデザインを重視するあまり、設備機器の機能が発揮できなくなったり、危険になったりしては意味がありませんので、隠すならほどほどにといったところでしょうか。

第5章

電気・通信設備

パソコン、エアコン、冷蔵庫、洗濯機、テレビなど
身の回りのたくさんのものが電気で動いています。
現代社会では電気設備がなければ、給排水、空調、換気など
多くの設備が機能しなくなってしまいます。
本章ではライフラインとして欠かせない
電気・通信設備を解説します。

5-1 発電から受電までの電気の流れ

●電気をつくる発電所

電気は現代では生活に欠かせないものになっています。電気は光、熱、動力、情報信号などに形を変えて照明器具、エアコン、パソコンなどあらゆる機器、設備のエネルギー源となります。

電気をつくる所が発電所です。1831年にイギリスの物理学者ファラデー（M.Faraday）が磁石をコイルに出し入れすると電流が流れ、逆にコイルに電流を流すと磁気が発生することを発見しました。これを「電磁誘導」といいます。規模が大がかりになりますが、発電所でもこの電磁誘導の原理を利用して電気をつくっています。発電所では巨大な発電機を何のエネルギーで動かすかによってさまざまな発電所があります。「火力発電所」「原子力発電所」「水力発電所」などです。2011年の東日本大震災以降は地熱・太陽光・風力など新エネルギーへの期待が高まっています。

●つくられた電気が一般住宅に届くまで

発電所でつくられた超高圧（22〜50万V）の電気は「一次変電所」「配電用変電所」「柱上変圧器」を経由して電圧を段階的に下げて一般住宅に届けられます（図5-1-1）。段階的に電圧を下げる理由は、もちろんそのままでは危険ということもありますが、一般的に電気の消費地が発電所から遠いからです。電気のエネルギーは電線の抵抗で損失するので、安定した品質の電気を届けるためには高い電圧で送電する必要があります。

発電所から家庭までの電気の通り道になるのが「送電線」や「配電線」です。発電所からの超高圧の電気は送電線を通って一次変電所を経て配電用変電所に送られます。配電用変電所では6,600Vまで電圧が下げられ、そこから先は配電線で電柱の上に取り付けられた柱上変圧器に送られます。一般住宅においては、柱上変圧器で100V・200Vに降圧した電気を利用します。

図 5-1-1　電気が届くまで

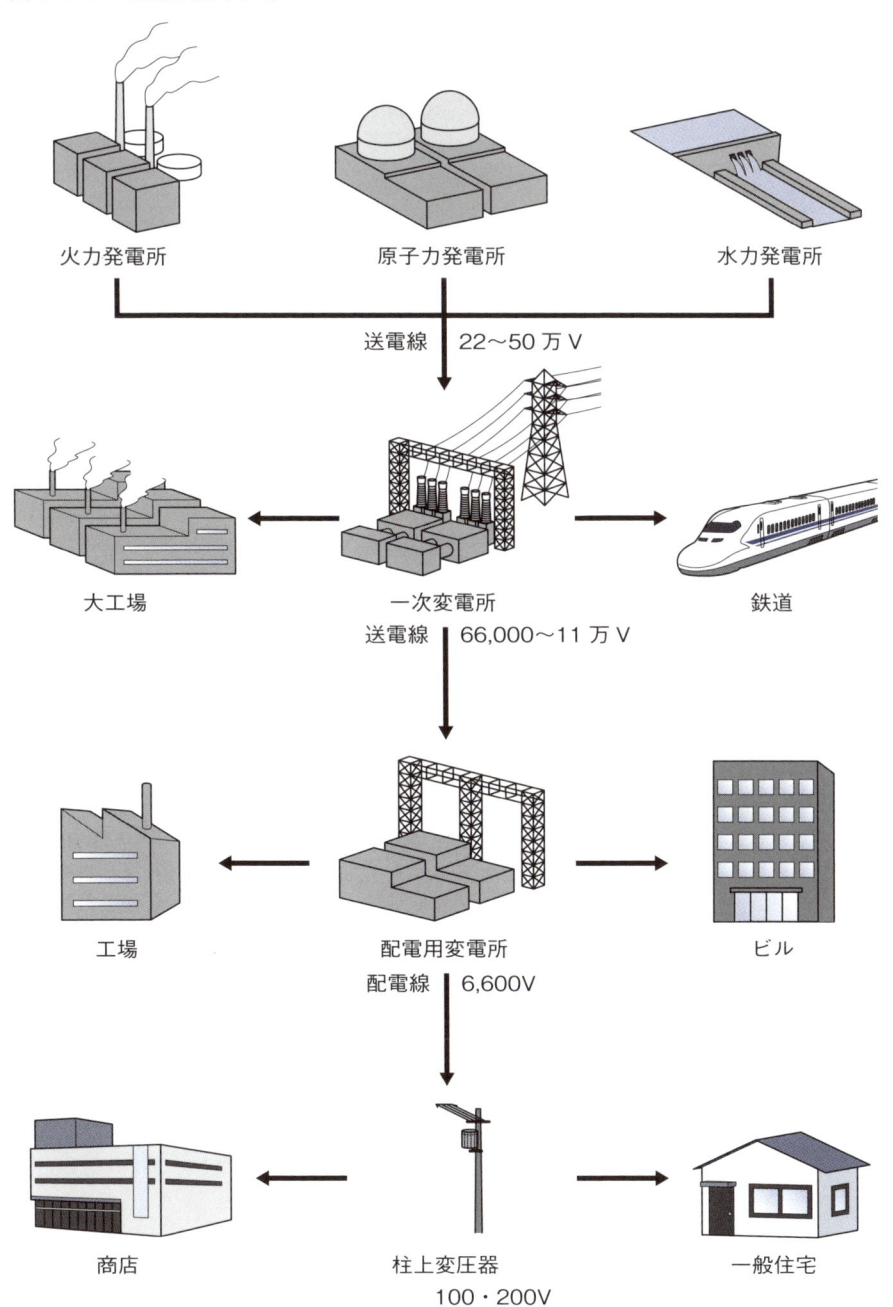

火力発電所　　原子力発電所　　水力発電所

送電線　22〜50万V

大工場　　一次変電所　　鉄道

送電線　66,000〜11万V

工場　　配電用変電所　　ビル

配電線　6,600V

商店　　柱上変圧器　　一般住宅
　　　　100・200V

5-2 建物への電気の引き込み

●建物への供給電圧の種類

建物の規模や用途などによって供給電圧が違ってきます。一般的には契約電力が50kW未満は「低圧」、50kW以上2,000kW未満は「高圧」、2,000kW以上は「特別高圧」という扱いになります。電圧としては、低圧で100V・200V、高圧で6,600V、特別高圧で22,000V、33,000V、66,000Vが代表的です。

送電線、配電線では「三相交流」といって、3つの単相交流を1/3周期ずらした組み合わせで電気を送ります。一般住宅においてはこの三相交流を「単相2線式100V」や「単相3線式200V・100V」に変換します。一昔前は一般住宅といえば単相2線式でしたが、近年では大型のエアコンやIHクッキングヒータなど容量の大きい機器の使用や、オール電化の影響もあり、単相3線式200V・100Vを必要とする住宅が増えています（図5-2-1）。

●建物への引き込み

建物への電気の引き込み方は低圧と高圧で異なります。図5-2-2に一般的な低圧と高圧の引き込み例を紹介します。一般的な規模の住宅の場合は低圧受電になり、柱上変圧器で低圧にされた電気を地上の「架空引込線」から建物に取り入れるのが一般的ですが、地中に配電線を埋設して引き込む方法もあります。なお、地域によっては引き込み線だけでなく配電線についても地中に埋設する取り組み例もあります。せっかくの歴史的建造物や青空も電線や電柱が見えると興ざめしてしまいます。電線類を地中埋設する最大のメリットは無電柱化できるので景観を損ねないということです。

建物で必要な電力の容量が大きくなってくると高圧受電になり、高圧のまま建物に電気を取り込み、受変電設備で低圧に変換して電気を利用します。高圧受電の場合は「三相3線式6,600V」が代表的です。

図 5-2-1　供給電圧の種類

	契約電力	送電方式
低圧	50kW 未満	単相2線式 100V 単相3線式 200・100V 三相3線式 200V
高圧	50kW 以上 2,000kW 未満	三相3線式 6,600V
特別高圧	2,000kW 以上	三相3線式 22,000V 三相3線式 33,000V 三相3線式 66,000V など

供給電圧

単相2線式
100V の機器しか使えない

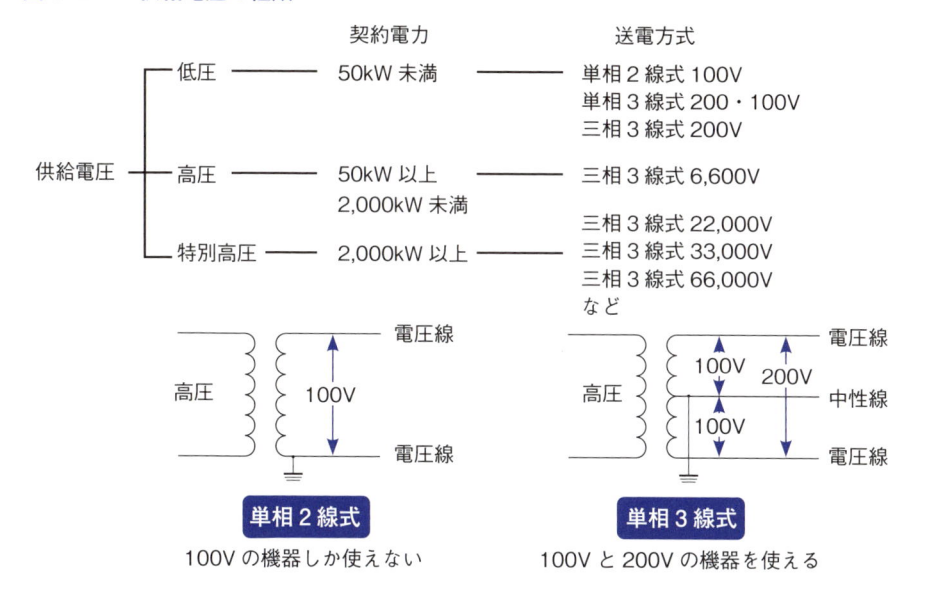

単相3線式
100V と 200V の機器を使える

図 5-2-2　電気の引き込み

一般住宅の低圧引き込み

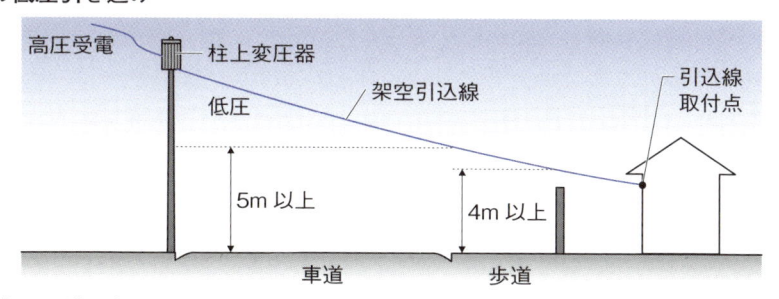

（高圧受電／柱上変圧器／低圧／架空引込線／引込線取付点／5m 以上／車道／4m 以上／歩道）

オフィスビルなどの高圧引き込み

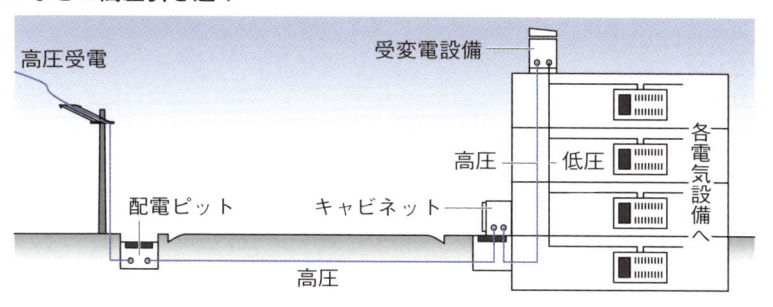

（高圧受電／受変電設備／配電ピット／キャビネット／高圧／低圧／各電気設備へ／高圧）

5・電気・通信設備

5-3 受変電設備

●受変電設備とは

　一般住宅や小規模な工場などでは柱上変圧器が降圧しますので、受変電設備を必要としませんが、大規模な建物になってくると受変電設備が必要になります。「借室変電室」とは電力会社に建物の一部を無償で提供して受変電設備を設置して電力供給する方法ですが、建物のスペースを有効に活用できないなどさまざまな問題があり、現在では屋外にも設置できる省スペース型の「キュービクル」や「パットマウント」が主流です（図5-3-1）。

●キュービクル・パットマウント

　キュービクルは金属製の箱の中に開閉器・変圧器・遮断器など高圧受電に必要な機器を収めた受変電設備です（図5-3-2）。オフィスビル、工場、店舗などで使われています。工場で組み立てられたものを設置するので施工性がよく、箱に収められているので安全性が高く、機器類が簡素化されて集約されているので省スペースで保守管理がしやすいのが特徴です。たくさんの電気を必要とする建物では、高圧で安い電気代で電気を購入したいのでキュービクルを使います。キュービクルの維持管理、修理、交換などは所有者の管轄です。

　集合住宅では以前は50kW以上の高圧受電の場合、借室変電室やキュービクルが必要でしたが、東京電力においては2000年に見直されて、電灯、動力の各々が50kW未満ならパットマウントなどで概ね70戸程度までは低圧供給できるようになりました。パットマウントは一般住宅などの柱上変圧器のやや大がかりなものを地上に降ろして箱に収めたものと考えていいかと思います。パットマウントの維持管理、所有については電力会社の管轄となり、各住居者は個別に電力会社と契約して電気代を払うことになります。近年では以前の借室変電室をパットマウントによる契約に変えて、空いたスペースを駐輪場などに活用するなどの例も多く見られます。

図 5-3-1　受変電設備

キュービクル

（写真提供：日東工業株式会社）

パットマウント

（写真提供：東京電力株式会社）

図 5-3-2　キュービクルの構造

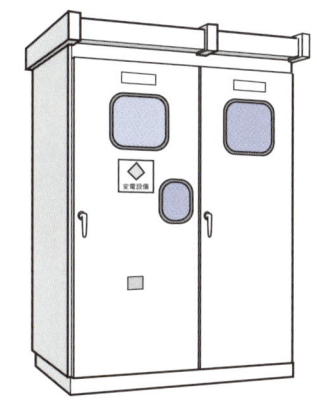

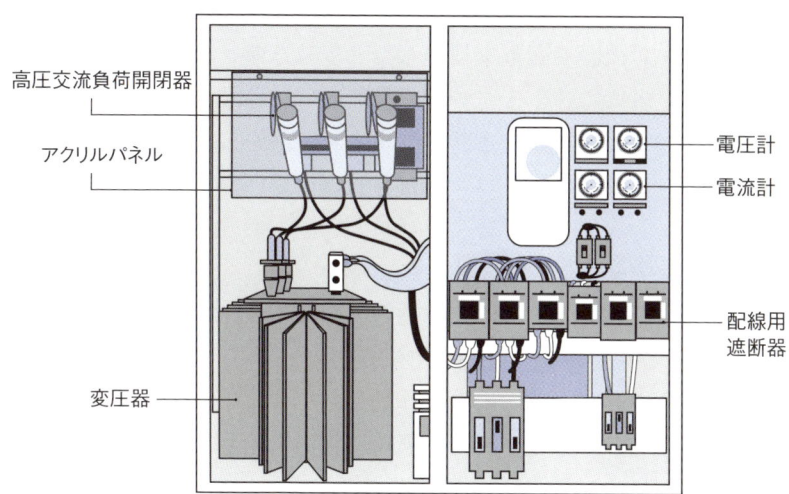

- 高圧交流負荷開閉器
- アクリルパネル
- 変圧器
- 電圧計
- 電流計
- 配線用遮断器

5-4 分電盤のしくみ

●一般住宅の分電盤

　分電盤は電力会社から届けられた電気を建物内で分岐させる装置です。1階コンセント用、2階コンセント用、照明用といったように用途やゾーンごとに分岐させます。一般住宅用の分電盤にはさまざまなものがあり、材質としては樹脂製、金属製。用途としては標準的なものから、オール電化、太陽光発電、ガス発電に対応したものなど。機能としては電気の使用量を制御できるものや、電気の使用量をモニタリングできるもの、一定規模以上の地震を感知して自動的に遮断するものなどさまざまなタイプがあります。

　単相3線式200V・100Vのごく標準的な例で分電盤の内部の構造を図5-4-1に示します。単相3線式は3線式ということですので、3本の電線があります。通常、赤、黒、白の3本で、赤と黒は電圧線、白は中性線といって、接地（アース）された線です。分電盤の内部はこれらの盤内配線と「①電流制限器」「②主幹」「③分岐遮断器」で構成されています。①電流制限器はメインブレーカ、アンペアブレーカともいわれ電力会社との契約アンペアを超えて電気を使うと遮断されます。②主幹は漏電遮断器を付けることが多く、建物内のどこかの機器で漏電を検知したときに遮断されます。漏電による火災や感電などを未然に防ぎます。③分岐遮断器は分岐回路ごとに電気の使い過ぎやショートなどがあると遮断されます。一回路に流すことができる電気の量は20Aです。大型のエアコンなど容量の大きい機器は専用回路とします。

●オフィスビルなどの分電盤

　オフィスビルなどでは、大きな電力を供給することになるので、受変電設備の「配電盤」から「幹線」を通して電灯用には「電灯分電盤」、ポンプ、モータ、エレベーターなどの動力用には「動力制御盤」に電気が送られ、電灯分電盤、動力制御盤から分岐されて各機器に電源供給されます。

図 5-4-1　分電盤の内部

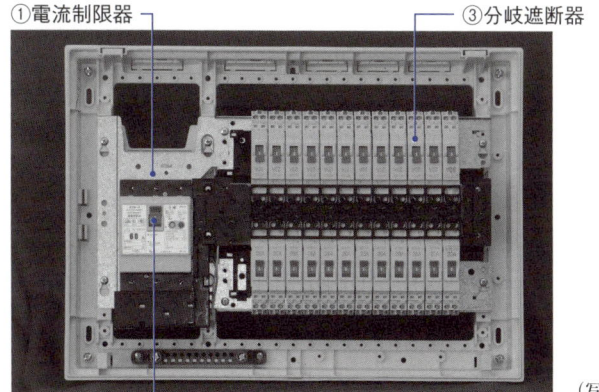

①電流制限器
③分岐遮断器
②主幹（漏電遮断器）

（写真提供：テンパール工業株式会社）

分電盤から各機器への配線

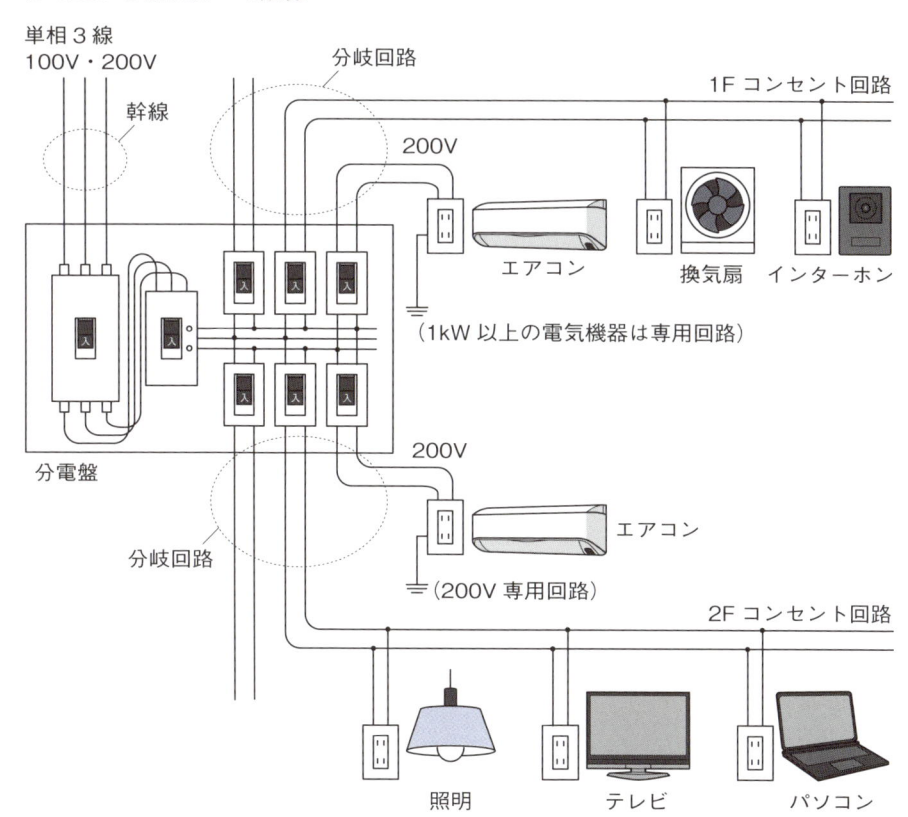

単相3線
100V・200V
幹線
分岐回路
1Fコンセント回路
200V
エアコン
換気扇
インターホン
（1kW以上の電気機器は専用回路）
分電盤
分岐回路
200V
エアコン
（200V専用回路）
2Fコンセント回路
照明
テレビ
パソコン

5・電気・通信設備

5-5 電線の種類

●電線の役割と分類

電線は電気エネルギーを運ぶ道筋となる線のことです。電気の道筋となる部分を「導体」といいますが、導体には銅やアルミニウムが使われています。電線を大きく分類すると「絶縁電線」「裸電線」に分けられます（図5-5-1）。

絶縁電線のことを単に電線、あるいはケーブル、コードといいます。電線は導体を絶縁被覆したもので電信柱の上の配電線、建物への架空引込線などが電線です。ケーブルはこの絶縁電線の上にさらに保護用のシースで覆ったもので屋内・外、地中埋設などさまざまな用途の配線で使われています。コードとは配線用の電線ではなく、各機器に取り付いているコンセントから機器までの電線のことをいいます。

裸電線とは絶縁被覆が施されていない電線のことです。超高圧の送電線などは裸電線です。超高圧なのに絶縁被覆しなくて大丈夫？　と疑問に思う方もいるかと思いますが、送電線は空気が絶縁の役割をしています。送電線が鉄塔の上の高い所にあるのはそのためで、一定以上の離隔距離が必要だからです。しかし、雨の日や梅雨時期など湿気の多い日は電気が通りやすくなるので、「がいし」といわれる鉄塔と送電線の接続部分などからジリジリと騒音が聞こえ、コロナ放電が発生するなどの問題点もあります。送電線を絶縁被覆できない理由は、超高圧を被覆できる材料が無い、重くなり現実的でないため空気による絶縁に頼っています。

●絶縁電線の種類

一口に電線といっても発電所からの送電線、配電用変電所以降の配電線、建物内の配線、インターネットなどの通信線など用途や使用環境によってさまざまですが、図5-5-2に建物の配線の用途で使われる絶縁電線の代表的なものをいくつか紹介します。

図 5-5-1　電線分類

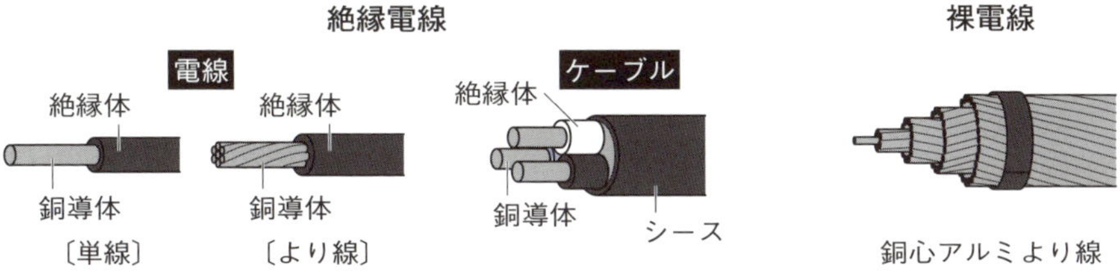

絶縁電線
- [単線]：絶縁体／銅導体
- [より線]：絶縁体／銅導体
- ケーブル：絶縁体／銅導体／シース

裸電線
- 銅心アルミより線

図 5-5-2　代表的な絶縁電線の種類

600V ビニル絶縁電線（IV） 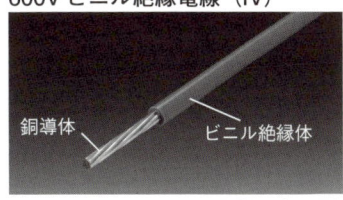
銅導体／ビニル絶縁体
単線やより線がある。屋内用途の電線

屋外用ビニル絶縁電線（OW） 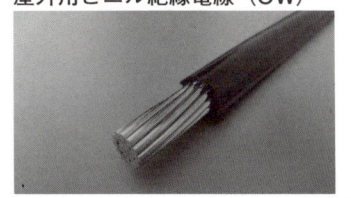
柱上変圧器で変圧されてからの屋外用架空電線

引込用ビニル絶縁電線（DV） 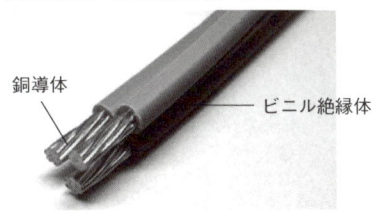
銅導体／ビニル絶縁体
建物への低圧の架空引込線に使われる電線。屋外用途の電線

600V ビニル絶縁ビニルシースケーブル丸型（VVR） 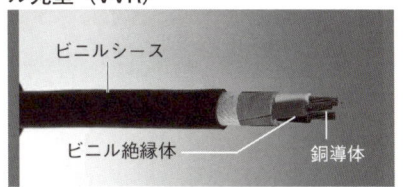
ビニルシース／ビニル絶縁体／銅導体
外装を丸くしたタイプのケーブル。屋内・屋外・地中で使われる

600V ビニル絶縁ビニルシースケーブル平型（VVF） 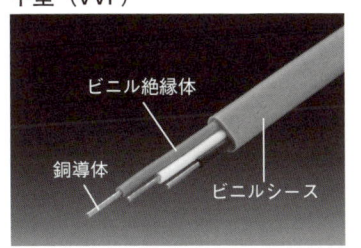
ビニル絶縁体／銅導体／ビニルシース
最も一般的な低圧配線用のケーブル。通称 F ケーブル。屋内・屋外・地中で使われる

架橋ポリエチレン絶縁ビニルシースケーブル（CV） 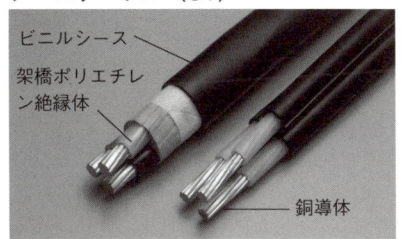
ビニルシース／架橋ポリエチレン絶縁体／銅導体
ビルや工場など大容量に対応するケーブル。屋内・屋外・地中で使われる

（写真提供：昭和電線ケーブルシステム株式会社 ［IV、VVF、VVR］、西日本電線株式会社 ［DV］、株式会社フジクラ ［OW、CV］）

5-6 配線と配管

●電線・ケーブルの配線

　一般的に建物内における配線は壁、床下、天井裏などに隠蔽されているので、普通に暮らしていて配線を見る機会は少ないかと思います。当然のことですが、電気設備においては配線工事が確実に行われていなければ、照明やコンセントも使えません。配線に使われる絶縁電線の類いは導体が保護されているので、一般の人には手に触れることができない距離を保つ、あるいは隠蔽するなどの安全面の配慮をしたうえで、用途に応じた適切な電線・ケーブルを選定して配線工事されます。

●電線・ケーブルの配管

　配管が必要になるケースとしては、コンクリートに埋設する場合、被覆が損傷する恐れがある場合、防炎区画を貫通する場合、施工上露出配管となる場合などで、配線保護の目的、あるいは何かトラブルがあったときに配線の入れ替えを容易にするためなどから使われます。

　配管材の代表的なものとしては「金属管」「硬質ビニル電線管」「CD管」「PF管」「金属製可とう電線管」などがあります（図5-6-1）。CD管、PF管、金属製可とう電線管は、管をフレキシブルに曲げることができる可とう性のある配管材です。また、主に露出の用途で簡易的に使用するものとしては「メタルモール（図5-6-2）」や、「樹脂モール」、床用としては、かまぼこ型の「フロアモール」を使うこともあります。

　大規模なビルなどの幹線の配線や配管については、ケーブルを固定させる「ケーブルラック（図5-6-3）」で配線する場合や、金属管による配管、「ワイヤリングダクト（図5-6-4）」といわれる金属製のダクトで配管する場合もあります。また、より大容量の電流を流す場合には、板状の銅やアルミの導体を金属製のハウジングで覆った「バスダクト（図5-6-5)」を使う場合もあります。

図 5-6-1　配管材の種類

金属管（電線管）

薄鋼電線管（C管）、厚鋼電線管（G管）、ねじなし電線管（E管）がある

（写真提供：丸一鋼管株式会社）

硬質ビニル電線管（VE管）

ポリ塩化ビニル樹脂

材質の特性上、配線の絶縁性を容易に保つことができる

（写真提供：未来工業株式会社）

可とう電線管

CD管　　PF管

（写真提供：未来工業株式会社）

金属製可とう電線管

（写真提供：株式会社三桂製作所）

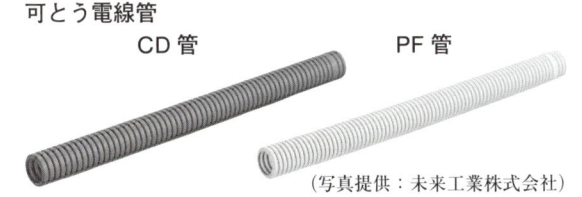

施工性のよい配管材で、コンクリートへの埋設など幅広く使われている。CD管は自己消火性がない素材だが、PF管は自己消火性があるので、露出部分にはPF管が適している

モータやポンプなど振動のある場所での用途などに適している

図 5-6-2　メタルモール

（写真提供：外山電気株式会社）

図 5-6-3　ケーブルラック

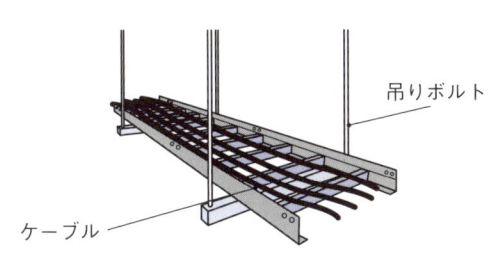

吊りボルト

ケーブル

図 5-6-4　ワイヤリングダクト

（写真提供：八州電工株式会社）

図 5-6-5　バスダクト

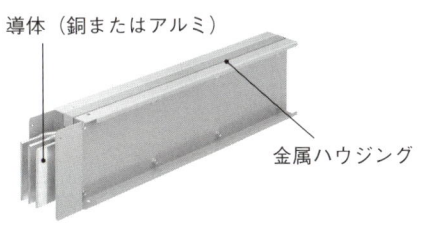

導体（銅またはアルミ）

金属ハウジング

（写真提供：昭和電線ケーブルシステム株式会社）

5・電気・通信設備

5-7 コンセントとスイッチ

●コンセント・スイッチの種類

　電気設備においてコンセントは電気の出口となり、ここから各機器に電源を供給します。コンセントはさまざまなものがあります。一般的な100V用の2口コンセント、洗濯機や冷蔵庫など主に水まわりの接地極や接地端子付コンセント、200ボルトエアコン用の接地極付コンセント、抜け止めコンセント、コードにつまずいても転倒しないように高齢者に配慮したマグネットコンセント、床に取り付けて必要なときに取り出せるアップコンセントなどです（図5-7-1）。また、コンセントと同様の役割を果たすものとしてはシーリングライト用の引掛シーリングやローゼット、店舗などでよく見かけるスポットライトを取り付けるライティングダクトなどがあります。

　スイッチは回路のON/OFFを切り替える装置です。スイッチの回路としては単純に1箇所のON/OFFをする場合もありますし、例えば階段の上下階のそれぞれにスイッチを設けて、2箇所からON/OFFをする「3路スイッチ」もあります。スイッチの種類にもさまざまなものがあります。代表的なものをいくつか図5-7-2に示します。

●コンセント・スイッチの取り付け高さ

　コンセントやスイッチの高さについては特に決まりがあるわけではありませんが、一般的なコンセントはFL（床上）＋250mm程度、スイッチはFL＋1200mm程度です。誰もが使いやすいユニバーサルデザインの考え方なら、コンセントはやや高めのFL＋400mm程度、スイッチはやや低めのFL＋1000mm程度かと思われます（図5-7-3）。洗濯機、冷蔵庫、エアコンなどのコンセントについても目安となる高さがいろいろといわれますが、スイッチなど毎日手に触れるものは、高さが合わないとストレスになりますので、目安にはあまりとらわれず、用途や各機器に合った使い勝手のいい高さに取り付けたいものです。

図 5-7-1　さまざまなコンセント

一般的な 100V 用の 2 口コンセント。1 口や 3 口コンセントもある

水まわりや業務用などで使う接地極が付いたコンセント

200V のエアコンなどで使われる接地極・接地端子が付いたコンセント

マグネットで脱着するタイプのコンセント

常時は床とフラットにして、使うときに取り出せるしくみのアップコンセント

屋外用途で使う防雨型のコンセント

電源、LAN、電話、テレビなどの端子を組み合わせたマルチメディアコンセント

図 5-7-2　さまざまなスイッチ

パイロットほたるスイッチ
ON/OFF の状態を光で知らせ、暗い所でもスイッチの場所がわかるスイッチ

調光スイッチ
調光に対応した光源を使って明るさを調節できるスイッチ

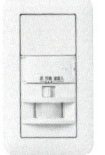

人感センサースイッチ
人の動きを感知して自動で ON/OFF をする

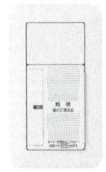

タイマースイッチ
浴室やトイレなど設定した時間で自動的に切れるスイッチ

リモコンスイッチ
スイッチ部分を取り外すと裏がリモコンになっている

図 5-7-3　コンセント・スイッチの高さ

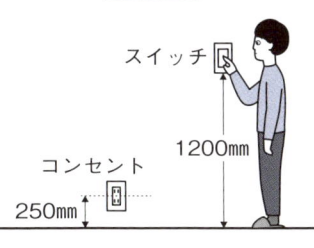

一般には
スイッチ 1200mm
コンセント 250mm
FL

高齢者には
1000mm
400mm

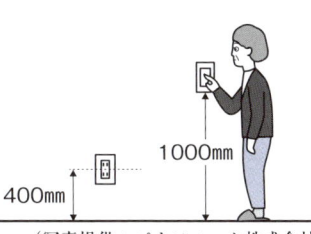

（写真提供：パナソニック株式会社）

5・電気・通信設備

5-8 照明器具に使われる光源

●光源（ランプ）の一般特性

　光源にはそれ自体に特性があり、長所・短所もあります。代表的な光源として「ハロゲン電球」「蛍光灯」「HID」「LED」を紹介します（表5-8-1）。

　ハロゲン電球で最も一般的なものはダイクロハロゲンランプといわれるものです。発光の原理は白熱電球と共通していますが、ハロゲンガスの作用で白熱電球よりも長寿命で明るくなっています。自然光で物を見たときに、より近い見え方をする光源を「演色性」がよいと表現しますが、ハロゲン電球の演色性は非常に良いです。ランプ自体が小さいことから器具も小さくできます。短所としてはランプが高温になること、ランプ効率に劣ることです。店舗などのスポットライトとしてよく見かける光源です。

　蛍光灯には直管形、丸形、電球形、コンパクト形などがあり、シームレスラインやシームレススリムといった直管形のスリムに設計されたランプもあります。低圧放電発光をする光源です。電球形では口金（ソケット部分）の形状を白熱電球の規格で一般的なE26、E17に合わせてあるので、白熱電球に換わる高効率、長寿命のランプとして利用できます。短所は低温時に明るくなるのに時間がかかる、調光できないものが多いなどです。

　HIDは水銀灯、高圧ナトリウムランプ、メタルハライドランプ、マルチハロゲンランプなどの高輝度の高圧放電発光をする光源です。街路灯、商店街、公園など屋外用途や、天井の高い工場や体育館など屋内用途もあります。一般特性としてはランプ効率が良く、長寿命です。演色性については良いものから悪いものまであり、一般的に水銀灯や高圧ナトリウムランプの演色性は悪く、メタルハライドやマルチハロゲンランプの演色性はよいです。

　LEDについては高効率、長寿命の省エネ型の光源として人気があります。詳しくは次の節で解説します。

表 5-8-1 光源の一般特性

光源	項目	内容		
ハロゲン電球	発光原理	温度放射（熱放射）	用途	一般住宅・店舗など
	演色性	非常に良い	その他	表面温度が高く熱を持ちやすい
	色温度※〔K〕	3,000		※色温度とは光の色をケルビン〔K〕という単位で温度表示したもので、数値が低いほど赤味がかった色→4,200Kで白色→数値が高いほど青味がかった色に変化する
	始動時間	すぐに点灯する		
	ランプ効率〔lm/W〕	15〜21		
	寿命	2,000〜4,000 時間		
	ランニングコスト	高い		
蛍光灯	発光原理	低圧放電	用途	一般住宅・オフィス・店舗・工場など
	演色性	比較的良い	その他	周囲温度の影響でランプ効率、始動時間の影響を受けやすい ※電球色：3,000　赤味を帯びる 　温白色：3,500 　白色　：4,200 　昼白色：5,000 　昼光色：6,500　青味を帯びる
	色温度〔K〕	※を参照		
	始動時間	低温時に遅い		
	ランプ効率〔lm/W〕	60〜110		
	寿命	7,500〜10,000 時間		
	ランニングコスト	比較的安い		
HID	発光原理	高圧放電	用途	街灯、トンネル灯、商店街、高天井工場、体育館など
	演色性	悪い〜非常に良い	その他	全光束（光量）が大きいが、点灯後、光束が安定するまでに時間がかかる。一般に高圧ナトリウムランプ、水銀灯の演色性は悪く、メタルハライド、マルチハロゲンランプの演色性はよい
	色温度〔K〕	2,000〜6,000		
	始動時間	遅い		
	ランプ効率〔lm/W〕	40〜150		
	寿命	6,000〜12,000 時間		
	ランニングコスト	比較的安い〜安い		
LED	発光原理	電界発光（ルミネセンス）	用途	一般住宅、店舗、オフィスなど
	演色性	比較的良い〜良い	その他	調光、調色ができるものもある
	色温度〔K〕	メーカーによる		
	始動時間	すぐに点灯する		
	ランプ効率〔lm/W〕	80〜100		
	寿命	40,000〜60,000 時間		
	ランニングコスト	安い		

5-9 LEDと有機EL

● 白熱電球から LED へ

昭和の時代、一般住宅で使われるランプといえば白熱電球でしたが、現在ではランプ効率など省エネの観点から大手メーカーでは生産が中止されています。長い歴史があり、馴染み深いランプだったので残念ではありますが、これも時の流れということで先進国においては致し方ないことかもしれません。ランプの歴史は、ろうそく→白熱電球→蛍光灯→ LED といった流れで、LED は「第 4 世代の明かり」といわれています。

● LED と有機 EL の製品化

LED（Light Emitting Diode）といわれる発光ダイオードは半導体に電圧をかけることで電荷を持った電子が移動、衝突して電界発光します（図 5-9-1）。LED が実用化されたのは 1996 年でランプとしての歴史は浅いですが、ここ数年でランプ効率が Hf 直管蛍光灯と同程度のレベルまで急成長しています。なお、ランプ効率とは光の総量となる全光束（ルーメン lm）を消費電力（ワット W）で割った値のことで、いかに少ない電力で明るさを得られるかの指標となります。数値が高いほどランプ効率は優れています。ランプの種類としては E26 や E17 の口金に対応した電球形、直管形や丸形の蛍光灯の規格に対応した蛍光灯形などがあります。照明器具としてはシーリングライト、ペンダントライト、ダウンライト、スポットライト、ブラケットライト、ラインライト、フットライト、ボラードライトなど多岐に渡り製品化されています（図 5-9-2）。

有機 EL は LED と同様に電界発光します。薄く軽量で柔軟性があり、面発光できるのが特徴で、照明、ディスプレー、サイン、テレビやパソコンのモニタなどの分野で利用できます。有機 EL 照明は徐々に製品化されてきましたが、まだかなり高価で、一般的な実用レベルになるにはもう少し時間がかかるかもしれませんが、次世代型の照明として期待されています。

図 5-9-1　LED 電球の発光のしくみ

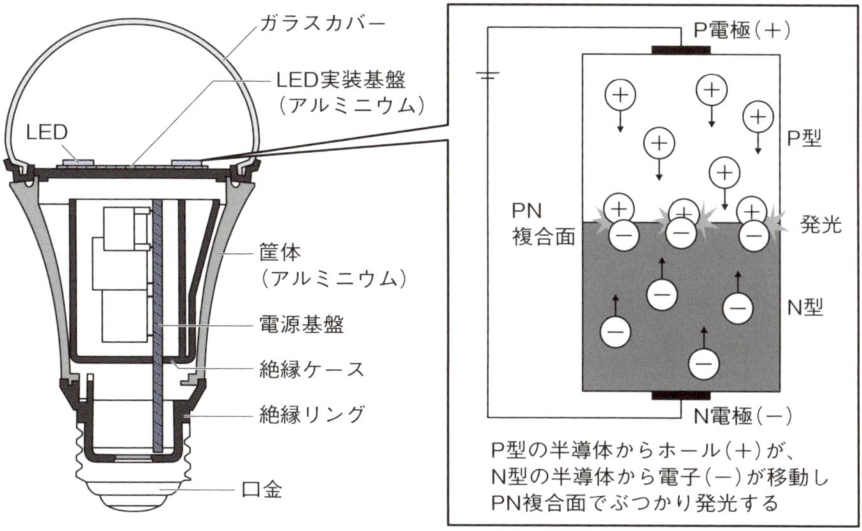
ガラスカバー
LED実装基盤
（アルミニウム）
LED
筐体
（アルミニウム）
電源基盤
絶縁ケース
絶縁リング
口金
P電極（＋）
P型
PN
複合面
発光
N型
N電極（－）
P型の半導体からホール（＋）が、
N型の半導体から電子（－）が移動し
PN複合面でぶつかり発光する

図 5-9-2　LED 照明器具の例

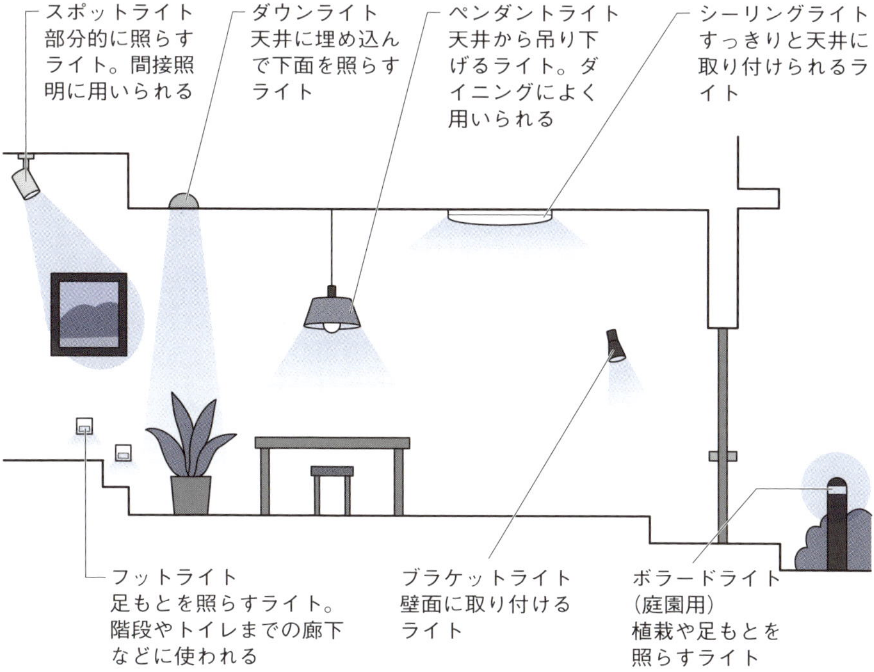
スポットライト
部分的に照らす
ライト。間接照
明に用いられる
ダウンライト
天井に埋め込ん
で下面を照らす
ライト
ペンダントライト
天井から吊り下
げるライト。ダ
イニングによく
用いられる
シーリングライト
すっきりと天井に
取り付けられるラ
イト
フットライト
足もとを照らすライト。
階段やトイレまでの廊下
などに使われる
ブラケットライト
壁面に取り付ける
ライト
ボラードライト
（庭園用）
植栽や足もとを
照らすライト

5-10 照明方式と建築化照明

●全般照明・局部照明・タスクアンビエント照明

　照明は当て方によって空間の見え方が違ってきます。「全般照明」とは空間全体を明るくすることを目的としています。一般住宅で代表的なものはシーリングライトなどです。オフィスビルなどにおいては一定の間隔で天井に取り付けられる蛍光灯などのいわゆるベースライトです。

　全般照明に対して「局部照明」とは文字通り必要なところを局部的に明るくする方法です。空間全体の照度が不均一になりますので、長時間作業をするような場合には目が疲れてしまい不向きです。

　全般照明と局部照明を合わせたものが「タスクアンビエント照明」です。タスク照明で手元の明るさを確保して、アンビエント照明では空間全体のある程度の明るさを確保します。全般照明だけで手元を含めた空間全体を明るくするよりも省エネになる場合が多く、オフィスビルや一般住宅でもよく採用される照明方式です（図5-10-1）。

●建築化照明とは

　照明の配光の方法を大きく分けると「直接照明」「間接照明」があります。直接照明は光源で直接照らすので、グレア（不快なまぶしさ）を感じさせることがありますが、間接照明は光を壁や天井などに当てて反射光を利用するのでやわらかい明かりとなります。「建築化照明」とは主に間接照明を建築と一体で考えたものです。「コーブ照明」「コーニス照明」などが代表的です（図5-10-2）。オフィスビル、ホテル、一般住宅などでもこれらの建築化照明は使われます。落ち着いた空間を演出することができますが、特にコーブ・コーニス照明では天井や壁と光源の距離が近いので、蛍光灯などのソケット部分の光のムラや、陰ができないように配慮しないと雰囲気を台無しにしてしまうこともあるので正しく施工する必要があります。

図 5-10-1　照明方式

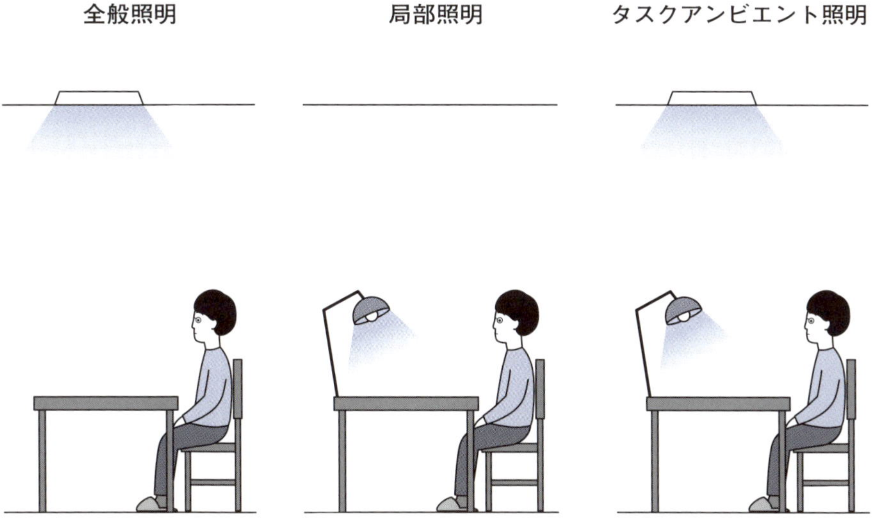

全般照明	局部照明	タスクアンビエント照明
空間全体を均一に明るくすることを目的とするが、ややエネルギーを消費する	局部的な照明、デスクスタンド、フロアスタンド、スポットライト、ダウンライトなどがそれに該当する。空間全体で見ると不均一な明るさとなるので、長時間の作業などでは目が疲れる	全般照明と局部照明を組み合わせたもので、全般照明では不均一な光をある程度解消し、局部照明で手元の明るさを確保する

図 5-10-2　建築化照明

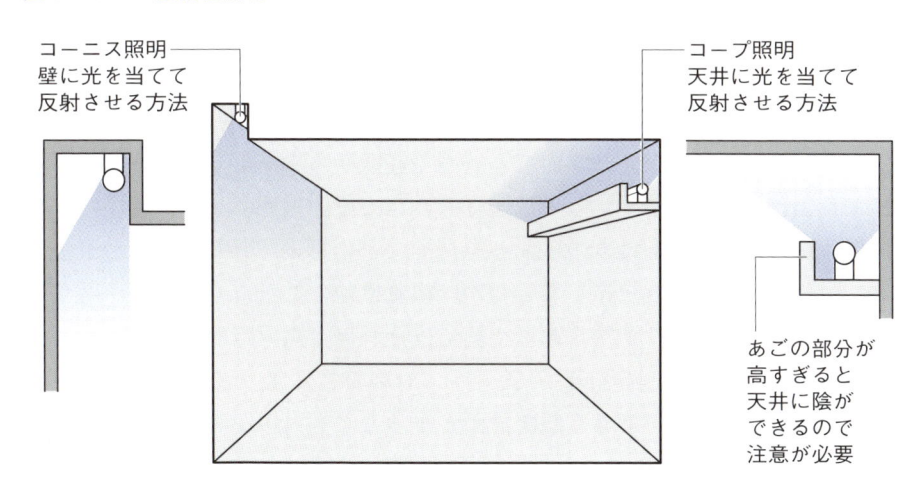

コーニス照明
壁に光を当てて反射させる方法

コープ照明
天井に光を当てて反射させる方法

あごの部分が高すぎると天井に陰ができるので注意が必要

5-11 高齢者に配慮した照明計画

●視覚機能の低下

　人は加齢とともに目のレンズとなる水晶体が濁り、透明から黄色、やがて褐色に変化していきます。これは白内障への進行過程で誰もが起こす生理的変化で、視界が黄色味を帯びてくることを「黄変化」といいます。黄変化にともなって黄色は判別しにくくなり、青色は黒っぽく見え、色の識別が難しくなり、まぶしさを感じやすくなっていきます。また、明るいところから暗いところへ移動したときに徐々に視力が回復する現象を「暗順応」といいますが、加齢とともにこの暗順応も遅くなります。加えて視力も低下しますので、高齢者が安全に生活するためには照明への配慮が必要になります。

●高齢者に必要な照度と照明計画

　前述したような理由から高齢者は一般的な若年者と比較して、居室や作業をともなう領域では1.5～2倍程度、廊下や階段などでは3～5倍程度の高い照度が必要といわれています。表5-11-1にJISによる住宅の照度基準を抜粋して示します。特に細かな作業をする領域では高い照度が求められますが、全般照明だけで高い照度を確保するのはあまりに不経済なので、タスクアンビエント照明や間接照明などを上手く取り入れて、グレアを解消して明るさを確保する照明計画が必要になります。また、高齢者になると暗順応が遅くなり、トイレも近くなりますので、居間や寝室からトイレへ向かう動線となる廊下などを極端に暗くするのは避けるべきです。人感センサの付いたフットライトや埋込ライト付きの手すりを使うなどの対策も一考です。

　これまでいろいろと記述しましたが、視覚機能の低下にも個人差がありますし、高齢者でもリラックスする空間ではそれほど高い照度が必要というわけではありません（図5-11-1）。個人差に対応できるように操作しやすいリモコンで調光や調色ができる照明計画とすることも大切かと思います。

表 5-11-1　住宅の照度基準（JIS Z9110-2010）

生活行為・場所	照度									
	1000	750	500	300	200	100	75	50	30	20
手芸・裁縫・ミシン	○									
勉強・読書（書斎・子ども室）		○								
読書・化粧（居間・寝室）			○							
ひげそり・化粧・洗面（脱衣室）				○						
調理台・流し台・食卓				○						
団らん・娯楽・洗濯					○					
テーブル・ソファ・飾り棚					○					
全般 　書斎・子ども室・勉強室・応接室・台所・家事室・作業室・浴室・脱衣室・化粧室・玄関						○				
全般 　便所							○			
全般 　居間・食堂・階段・廊下								○		
全般 　納戸・物置									○	
全般 　寝室										○

図 5-11-1　若年者と高齢者の推奨照度

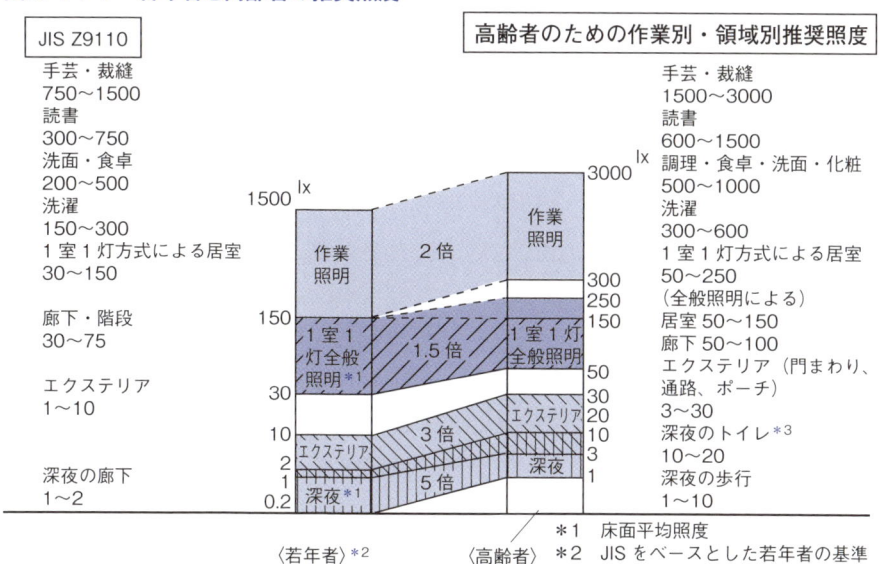

JIS Z9110
手芸・裁縫　750～1500
読書　300～750
洗面・食卓　200～500
洗濯　150～300
1室1灯方式による居室　30～150
廊下・階段　30～75
エクステリア　1～10
深夜の廊下　1～2

高齢者のための作業別・領域別推奨照度
手芸・裁縫　1500～3000
読書　600～1500
調理・食卓・洗面・化粧　500～1000
洗濯　300～600
1室1灯方式による居室　50～250（全般照明による）
居室 50～150
廊下 50～100
エクステリア（門まわり、通路、ポーチ）　3～30
深夜のトイレ*3　10～20
深夜の歩行　1～10

〈若年者〉*2　作業照明 1500 lx、1室1灯全般照明*1 150 lx、エクステリア 30 lx、深夜*1 0.2 lx
〈高齢者〉　作業照明 3000 lx（2倍）、1室1灯全般照明 250～300 lx（1.5倍）、エクステリア 10～30 lx、深夜 1 lx（3倍／5倍）

*1　床面平均照度
*2　JISをベースとした若年者の基準
*3　便座面レベルの平均照度

（パナソニック照明設計サポート P.L.A.M「照明設計資料」より）

5-12 動力設備

●動力機器・動力設備とは

　大きな建物や施設にはエレベーターやエスカレーターがあります。このように目に見えて動く機器について動力が必要なことは理解しやすいですが、目に見えなくても空調設備や給排水衛生設備などでは、空気を送る、あるいは温水や冷水などを運ぶといった流体を移動させるための動力が必要になります。電気のエネルギーを動力に換えるのがモータ（電動機）の役割で、三相200Vや三相400Vで動かすモータを含む機器のことを「動力機器」といいます（図5-12-1）。ボイラ、冷凍機、各種ポンプ類、空調機、エレベーター、エスカレーターなどのことです。これら動力機器に電気を送るために必要な動力制御盤や配線なども含めた設備のことを総じて「動力設備」といいます。

●動力制御盤・動力設備の省エネ

　建物に引き込まれた電気はキュービクルなどの受変電設備から幹線設備を通って動力制御盤に送られます。この動力制御盤から各動力機器に電気が振り分けられます。動力制御盤は動力分電盤に制御機能が付いたもので、自動運転、漏電などの異常があれば電気を遮断、遠隔操作など動力機器類の運転状態を常に監視・制御します（図5-12-2）。

　大規模な建物では照明などの電灯系に必要な電力よりも、空調、給排水衛生、搬送設備などの動力系にかかる電力の方がはるかに大きくなりますので、動力設備での電力使用量の削減は省エネ面で大きなウェイトを占めることになります。従来ではモータを常にフル回転させて、バルブやダンパなどで風量や流量を機械的に調節していましたが、近年の高効率なモータでは「インバータ」に対応していて、モータ自体の回転を制御させることで風量や流量の調節ができますので、常にモータをフル回転する必要がなくなり、省エネ効果が期待できます。

図 5-12-1　さまざまな動力機器

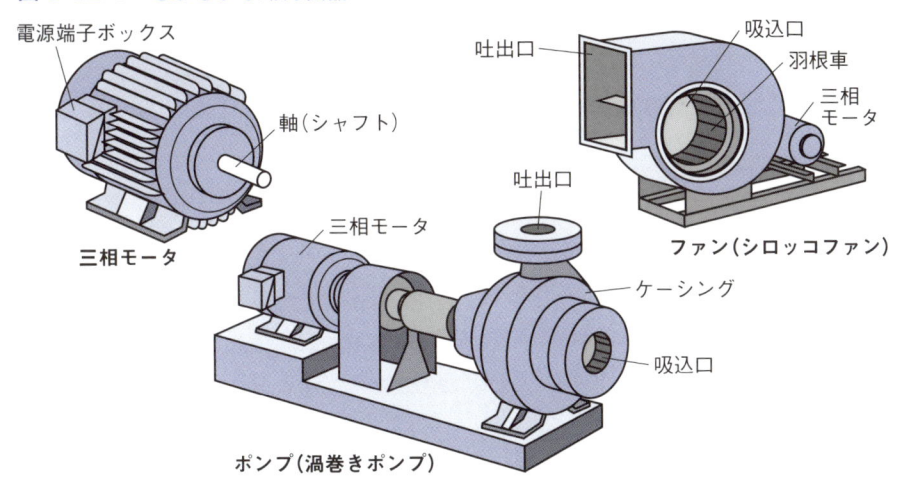

電源端子ボックス
軸（シャフト）
三相モータ

吐出口
三相モータ
ケーシング
吸込口
ポンプ（渦巻きポンプ）

吸込口
吐出口
羽根車
三相モータ
ファン（シロッコファン）

図 5-12-2　建物内の動力と電灯の電気の流れ

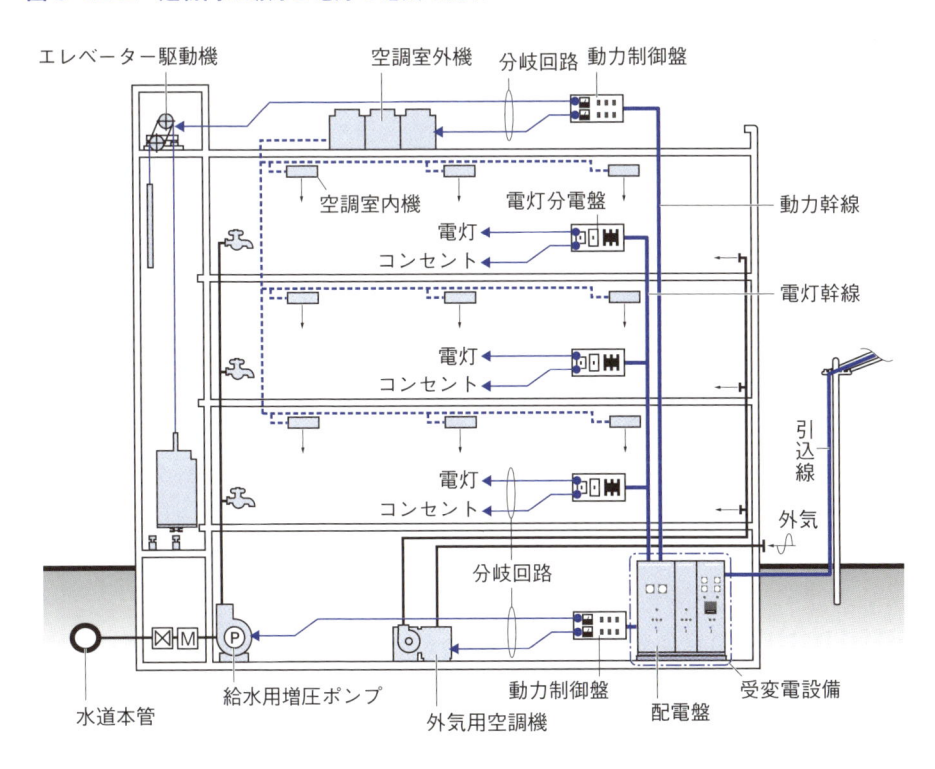

エレベーター駆動機　空調室外機　分岐回路　動力制御盤
空調室内機　電灯分電盤
電灯　コンセント
動力幹線
電灯幹線
引込線
外気
分岐回路
給水用増圧ポンプ　外気用空調機　動力制御盤　配電盤　受変電設備
水道本管

5・電気・通信設備

5-13 エレベーター・エスカレーター

●エレベーター

　エレベーターは原則6階以上の建物には必要になりますが、地域の条例によっては5階以上の建物にはエレベーターを設けないと建設の許可がされない場合もあります。また、高さ31m以上あるいは11階以上の建物については消防隊の消火活動のための非常用エレベーターも必要になります。

　エレベーター駆動方式としては「ロープ式」「油圧式」などがあります。ロープ式は、つり合いおもりでかごのバランスをとってロープで巻き上げる「トラクション式」が主流です。油圧式は低層階で見られる駆動方式で、ポンプで油圧を制御してかごを昇降させます（図5-13-1）。

　近年では高齢者の階段での転落事故を防げるなど、バリアフリー対策の一環として一般住宅用にホームエレベーターを導入する例も見られます。一般住宅での用途に配慮して、駆動用の電源は単相200Vで動くように設計されています。なお、住宅へのエレベーター設置についても業務用と同様に建築の確認申請など法的な手続きが必要で、積載荷重200kg以下（定員としては3名以下）、かごの床面積としては1.1㎡以下など設置に関する諸々の規制はクリアしたうえでの設置となります。

●エスカレーター

　エスカレーターは多くの人を連続して運ぶことができますので、輸送能力に優れているといえます。エレベーターでは待ち時間が必要になりますが、エスカレーターは待たずにすぐ乗ることができるので、大型の店舗などでは必須の搬送設備といえます。不特定多数の人が利用しますので、巻き込み防止、転落防止、非常停止などさまざまな安全対策が肝心です。法的な速度は50m/分以下とされていますが、一般的には30～40m/分で設定されています。勾配は30°以下にしなければなりません（図5-13-2）。

図 5-13-1　エレベーターのしくみ

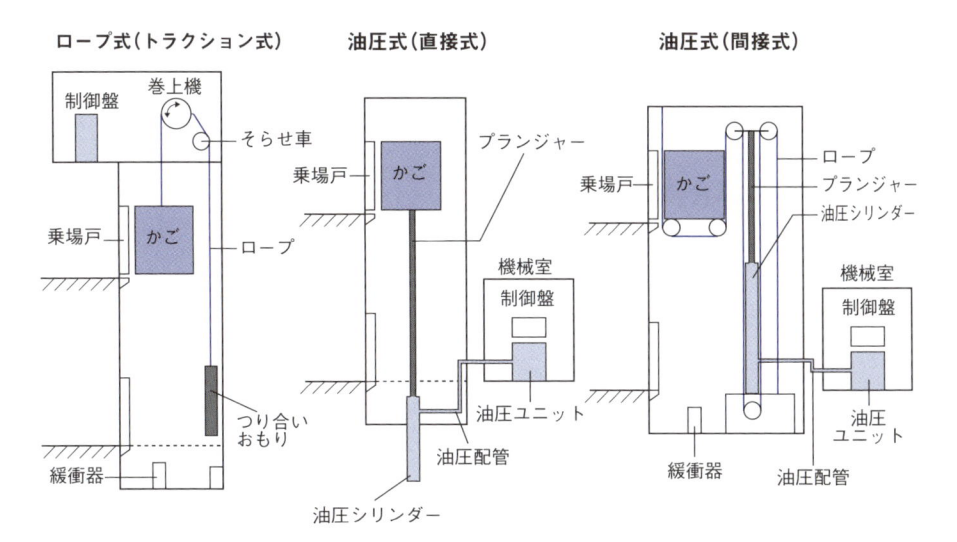

ロープ式（トラクション式）
- 制御盤
- 巻上機
- そらせ車
- 乗場戸
- かご
- ロープ
- つり合いおもり
- 緩衝器

油圧式（直接式）
- 乗場戸
- かご
- プランジャー
- 機械室
- 制御盤
- 油圧ユニット
- 油圧配管
- 油圧シリンダー

油圧式（間接式）
- 乗場戸
- かご
- ロープ
- プランジャー
- 油圧シリンダー
- 機械室
- 制御盤
- 油圧ユニット
- 油圧配管
- 緩衝器

図 5-13-2　エスカレーターのしくみ

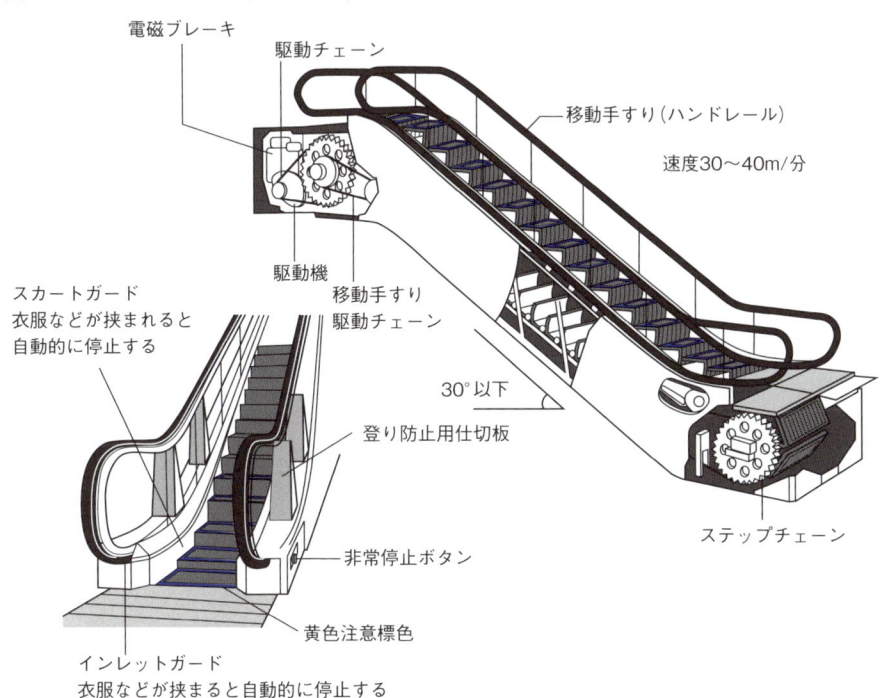

- 電磁ブレーキ
- 駆動チェーン
- 移動手すり（ハンドレール）
- 速度30〜40m/分
- 駆動機
- 移動手すり駆動チェーン
- スカートガード　衣服などが挟まれると自動的に停止する
- 30°以下
- 登り防止用仕切板
- 非常停止ボタン
- 黄色注意標色
- インレットガード　衣服などが挟まると自動的に停止する
- ステップチェーン

5・電気・通信設備

5-14 電気設備の保守・維持管理

●一般用電気工作物の場合

　一般住宅や小規模な店舗などで受電電圧が600V以下の建物を「一般用電気工作物」といいます。一般用電気工作物については建物の所有者がすべての電気設備の保守管理を行うのは技術的にも知識的にも難しいので、電気工事の品質を確保するために電力会社や国に登録された検査機関によって「竣工検査」「定期検査」などが電気事業法で義務付けられています（図5-14-1）。

　竣工検査は建物を施主に引き渡す前に電気工事が適切に行われているかをチェックします。絶縁・接地の状態を計器で確認し、配線や分電盤などの設備点検をします。定期検査は4年に1回実施され、建物内に訪問できる場合は分電盤の絶縁抵抗の測定、不在や訪問できない場合は建物の外部から漏れ電流の測定などをします。

●自家用電気工作物の場合

　受電電圧が600Vを超えるビルや工場などを「自家用電気工作物」といいます。これら中〜大規模なビルなどでは一般用電気工作物とは保守管理体制が若干違い、基本的には建物の所有者による自主的な保安体制となっていますが、実際のところは国が定める技術基準に適合するように維持することが法で義務付けられていますので、違反がある建物には国が直接監督して使用の停止や改善などを命令できる体制になっています。

　図5-14-2の保安規程とは建物の保安を確保するうえでの約束事で、さまざまな項目があります。例えば業務を管理する者や組織の編成に関すること、災害や非常時にとるべき措置に関すること、巡視・点検・検査に関することなどです。点検や検査の種別としては工事期間中の点検、竣工検査、日常巡視、定期点検、精密点検などがあります。なお、保安規程についても問題があれば、国が改善命令を下せる体制になっています。

図 5-14-1　一般用電気工作物の保安体制

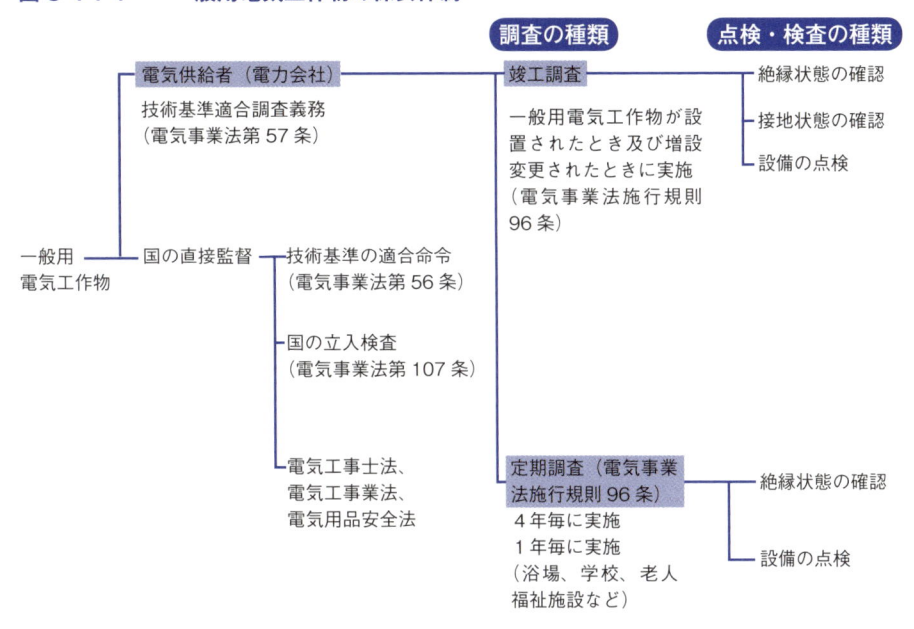

一般用電気工作物
- 電気供給者（電力会社）
  - 技術基準適合調査義務（電気事業法第 57 条）
- 国の直接監督
  - 技術基準の適合命令（電気事業法第 56 条）
  - 国の立入検査（電気事業法第 107 条）
- 電気工事士法、電気工事業法、電気用品安全法

調査の種類
- 竣工調査
  - 一般用電気工作物が設置されたとき及び増設変更されたときに実施（電気事業法施行規則 96 条）
- 定期調査（電気事業法施行規則 96 条）
  - 4 年毎に実施
  - 1 年毎に実施（浴場、学校、老人福祉施設など）

点検・検査の種類
- 絶縁状態の確認
- 接地状態の確認
- 設備の点検
- 絶縁状態の確認
- 設備の点検

図 5-14-2　自家用電気工作物の保安体制

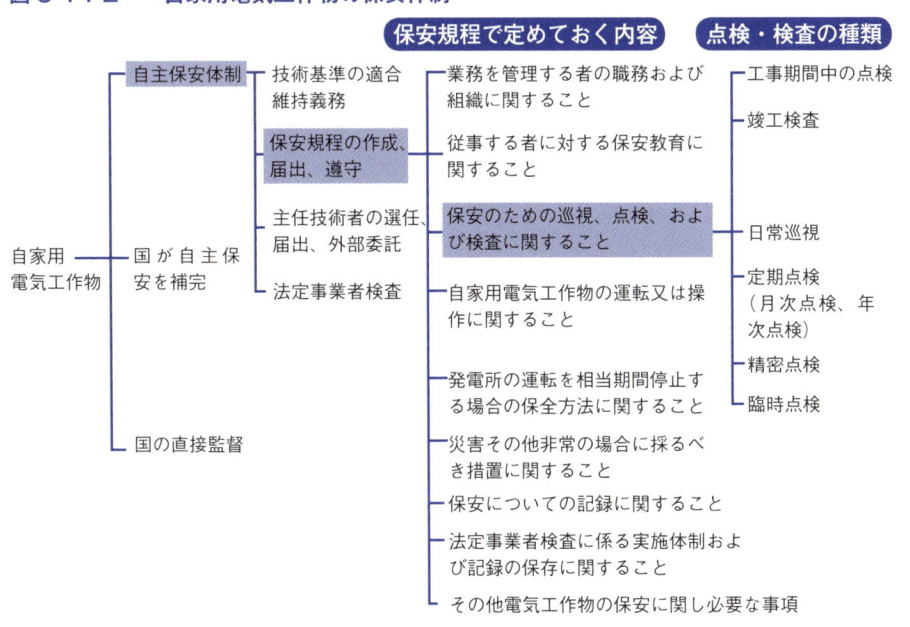

自家用電気工作物
- 自主保安体制
  - 技術基準の適合維持義務
  - 保安規程の作成、届出、遵守
  - 主任技術者の選任、届出、外部委託
  - 法定事業者検査
- 国が自主保安を補完
- 国の直接監督

保安規程で定めておく内容
- 業務を管理する者の職務および組織に関すること
- 従事する者に対する保安教育に関すること
- 保安のための巡視、点検、および検査に関すること
- 自家用電気工作物の運転又は操作に関すること
- 発電所の運転を相当期間停止する場合の保全方法に関すること
- 災害その他非常の場合に採るべき措置に関すること
- 保安についての記録に関すること
- 法定事業者検査に係る実施体制および記録の保存に関すること
- その他電気工作物の保安に関し必要な事項

点検・検査の種類
- 工事期間中の点検
- 竣工検査
- 日常巡視
- 定期点検（月次点検、年次点検）
- 精密点検
- 臨時点検

5-15 宅内LANのしくみ

●強電・弱電とは

　本章でこれまで紹介してきた電気設備は主に「強電」といわれる分野のことです。強電とは電灯や動力など感電の恐れがある電気を扱い、いわゆる電気屋さんが扱う分野の電気のことです。対してLAN、電話、有線放送などといった通信、制御、情報伝達など感電の恐れがない電気は「弱電」といわれます。強電・弱電についてはその境界が曖昧なのが実際のところです。例えば、本来であればLAN、電話、有線などで使う壁などに隠蔽するための空配管については弱電を扱う業者が行うべきですが、実際の施工現場では強電を扱う電気屋さんに空配管をお願いし、その空配管を利用して後から弱電屋さんが配線をする場合が多いです。

●宅内LANとオフィスビルなどのLAN設備

　インターネットのことをWAN（Wide Area Network）といい、対してLAN（Local Area Network）は建物内などの比較的狭いエリアでのネットワークとなります。宅内LANでは各部屋で使われるパソコン、プリンター、電話機、その他通信機能を持つデジタル家電などをLANでつないでインターネットの利用や情報の共有などが可能になります。図5-15-1の図は有線LANの概要ですが、無線LANの構築も可能です。近年では無線LANを利用して、例えば照明やエアコンのON/OFF、訪問者の確認など、建物内のデジタル家電の制御を携帯電話で遠隔操作できるようになってきています。

　オフィスビルなどのLAN設備は顧客の個人情報などを扱うこともありますのでセキュリティ面で強化が肝心となります。代表的な対策としては外部からの不正なアクセスなどを制限するファイアウォールを設けたり、社内共有用のサーバーの他に社外公開用のサーバーを設けて、外部からのアクセスを社内のサーバーに侵入させないなどの対策が取られます（図5-15-2）。

図 5-15-1　宅内 LAN

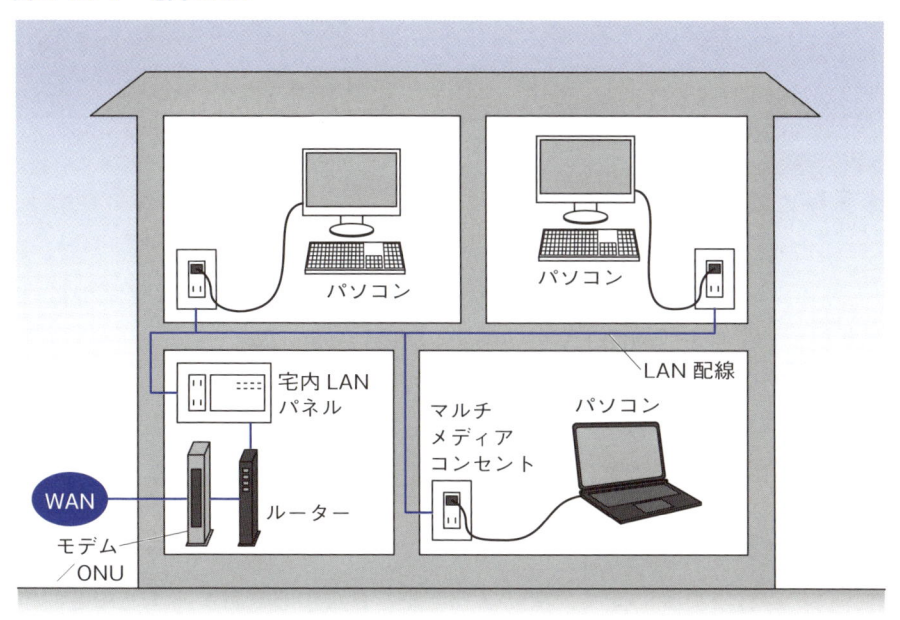

図 5-15-2　オフィスビルのセキュリティ

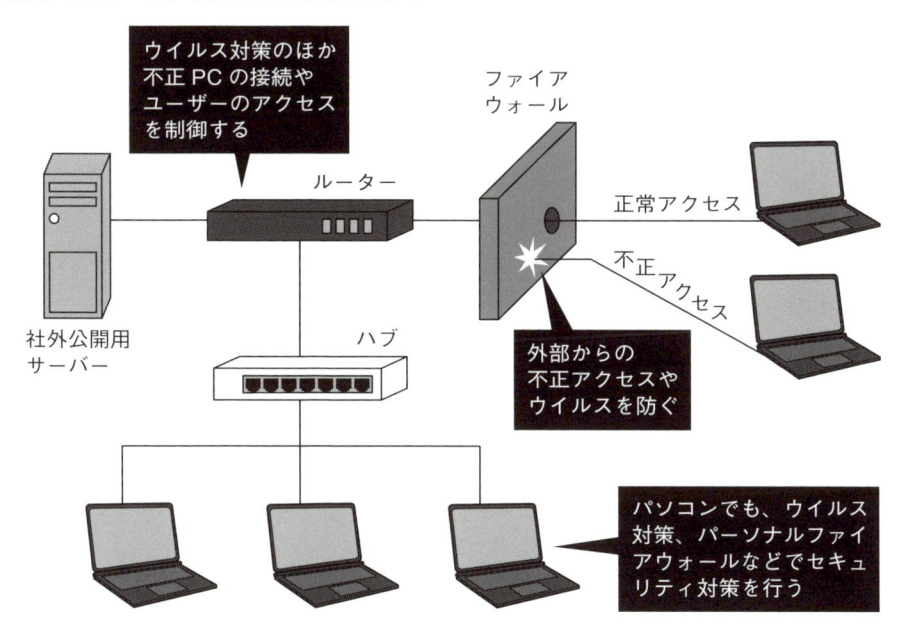

5-16 テレビ受信設備

●テレビ放送開始から現在まで

　テレビの放送が本格的に始まったのは終戦から8年後の1953年です。高価なテレビは高嶺の花で白黒の「街頭テレビ」に夢中になっていた時代から考えると、時の流れとともに東京タワーが建設され、カラーテレビが普及し、衛星放送が始まり、地上デジタル放送が始まり、スカイツリーが建設され、現在は有料放送も含めるとチャンネル数も豊富になって見たい番組を選択できるようになり、昔とはテレビとの関わり方が随分と変わってきました。

●テレビの受信方法

　テレビを受信するには大きく分けて2つの方法があります。①利用者側の建物のアンテナで受信する方法と、②ケーブルテレビや光ケーブル事業者からの放送をケーブルで受信する方法の2つです。構成の概要については図5-16-1を参照してください。

　①のアンテナで受信する方法は、地上デジタル放送には地デジ対応の「UHFアンテナ」、BS・CSといった衛星放送には「BS/110°CSアンテナ」が自己所有で必要になります。その他、複数台のテレビを利用するなら「分配器」が必要です。また、「ブースター」とは受信信号を増幅させる装置のことで、電波状況が悪い地域や、アンテナから末端機器までの配線が長いときなどに効果を発揮します。なお、集合住宅などでは各戸ごとにアンテナを建てるのではなく共同アンテナで受信して各戸に分配するのが一般的です。

　②のケーブルで受信する方法はケーブルテレビ会社などに料金を払って受信します。テレビだけの利用というよりはインターネットの利用、インターネット回線で使うIP電話の利用など、情報・通信に関する設備をパッケージで利用できるのがメリットといえます。テレビのチャンネル数も豊富で料金に応じて選択できます。

図 5-16-1　テレビ共同聴視設備の構成例

①アンテナで受信する方法

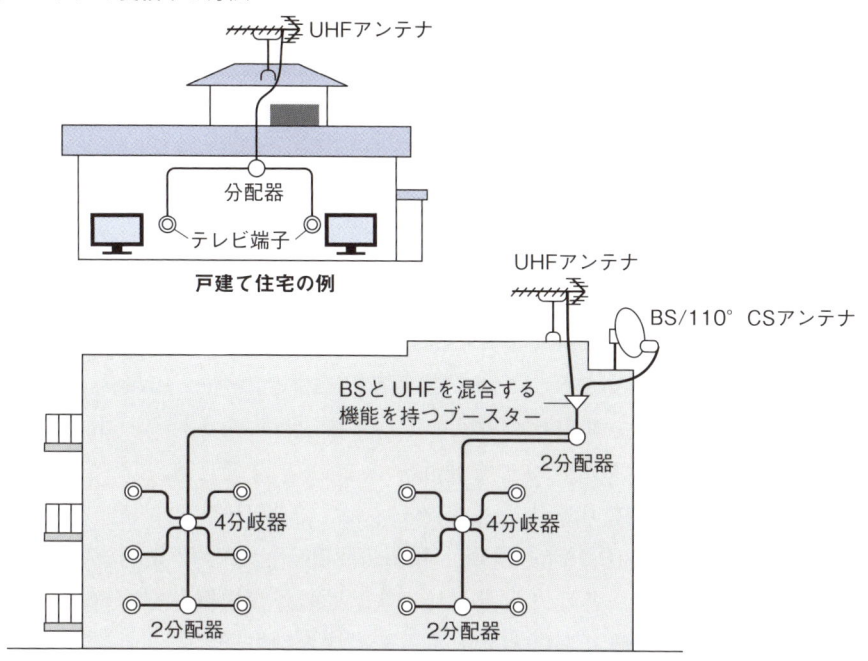

戸建て住宅の例

ブースター、分配器、分岐器を使った例

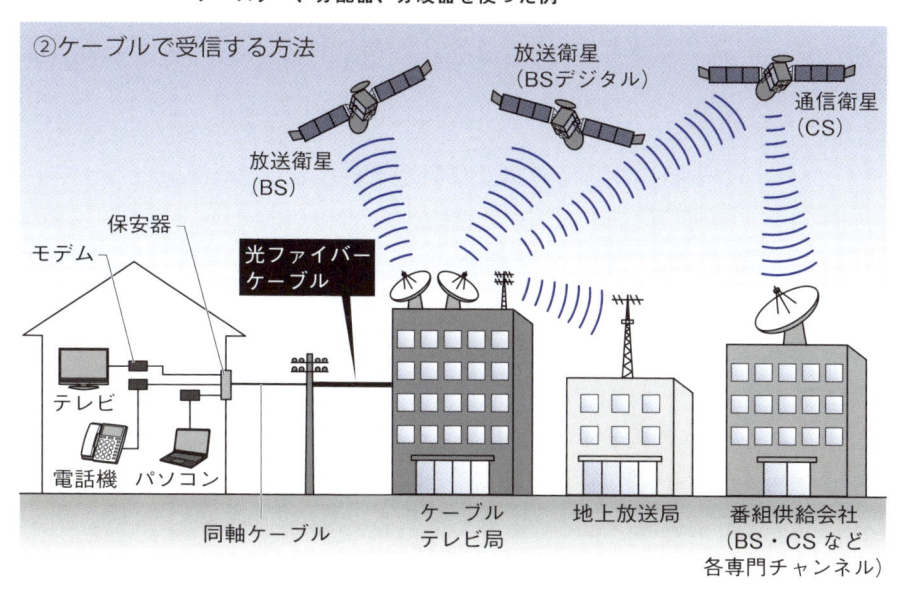

②ケーブルで受信する方法

5-17 IP電話・インターホン

● IP電話のしくみ

　インターネットを利用する人にとっては今や当たり前のことですが、例えば東京から北海道の友達にメールしようが、アメリカの友達にメールしようが距離が離れているからといってインターネットを利用する料金以外に特別料金が発生するわけではありません。自由にメールしたり、画像を送ったり、ホームページを見たりすることができます。「IP（Internet Protocol）電話」とはインターネットを利用した電話のことです。音声をインターネット上でやり取りできるデータに変換して通話をしますので、同一提携のIP電話では無料通話が可能になります。インターネットなどIPネットワーク上で音声を送る技術を「VoIP（Voice Over Internet Protocol）」といいます。

　一般加入電話では、各地に設置される電話局の「交換機」を中継して音声を送るので、距離が離れるほど経由する交換機の数も増えることになり料金が高くなります。このようなことから、本社と離れたところに支社を持つ企業などは、IP電話の導入によってコスト削減に繋がります（図5-17-1）。

●インターホン

　インターホンとは建物内での通話目的で使われる私設の電話のことです。一般住宅などで使われるインターホンはドアホンともいわれ、屋外の玄関側に「子機」、室内側に「親機」を設置します。チャイムと通話のみが最もシンプルなインターホンですが、近年ではカメラ付きの子機からの情報を親機でカラーモニタリングや録画ができるほか、ドア錠の開閉制御、ガス漏れや火災警報器などとの連携、携帯電話を増設親機として無線接続するなどさまざまな付加機能があります（図5-17-2）。また、IPネットワークに対応したインターホンもあり、例えば不在にしている支社への訪問者の対応を、本社のパソコンで映像確認、通話、録画などができます。

図 5-17-1　IP電話と一般加入電話の違い

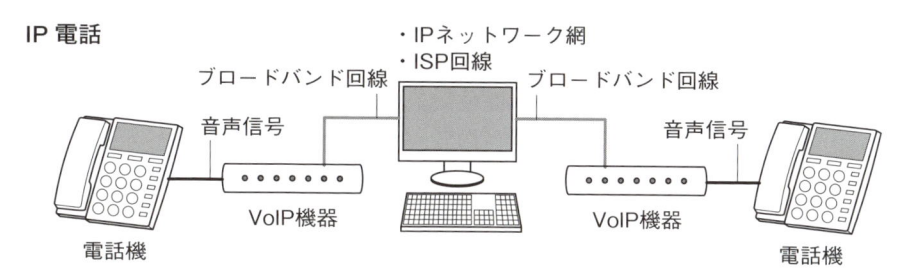

IP電話

- IPネットワーク網
- ISP回線

インターネット回線を使用するため、通話料金はかからない

一般加入電話

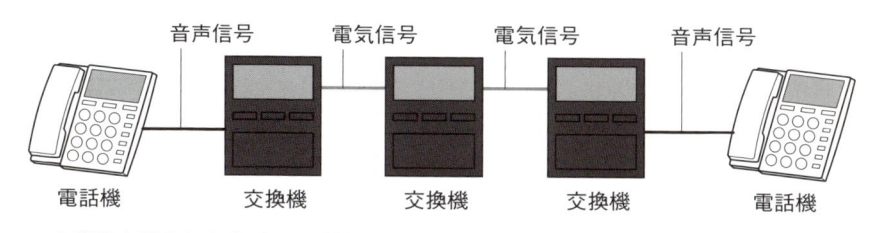

交換機を経由した分だけ通話料金は高くなる

図 5-17-2　一般住宅の多機能型インターホンのイメージ

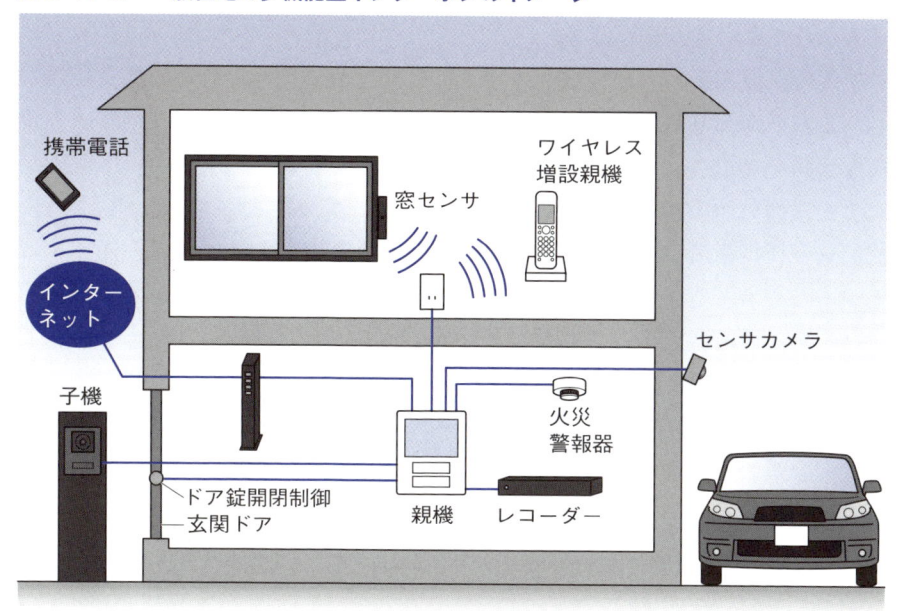

5-18 電気設備に関する資格・図示記号

●電気工事士・電気工事施工管理技士・電気主任技術者

　電気は技術や知識のない人が扱える分野の仕事ではありません。間違えた工事をすると感電や火災など大事故につながる非常に危険な工事です。建物の安全を確保するうえで、一定水準以上の技術と知識を持った有資格者でなければ工事を行ってはいけないことが法で定められています。

　「電気工事士」とは一般住宅からビルや工場までさまざまな建物の工事を行ううえで必要な資格で、次のような資格があります。「第二種電気工事士」は、一般住宅など600V以下で受電する一般用電気工作物の工事ができる資格です。「第一種電気工事士」は、第二種電気工事士の範囲の一般用電気工作物とビルや工場など600Vを超える自家用電気工作物を工事できます。また、一定規模以上の建物や公共工事などを請け負う場合には「二級電気工事施工管理技士」や「一級電気工事施工管理技士」といった資格を有しているものをたてる必要があります。

　発電所、変電所、大規模なビルなどの受変電設備や配線などの保安監督ができる資格が「電気主任技術者」です。これらの有資格者がいなければ大規模な建物や施設の安全は保たれません。「第三種電気主任技術者」は電圧が5万V未満の事業用電気工作物の主任技術者をすることができます。「第二種電気主任技術者」は電圧が17万V未満の事業用電気工作物の主任技術者をすることができます。「第一種電気主任技術者」はすべての事業用電気工作物の主任技術者をすることができます。

●電気設備の図示記号

　屋内配線の代表的なものとしては「電灯配線図」があります。分電盤から照明器具、スイッチ、コンセントにいたる配線のルートや器具類の位置を示したものです。表5-18-1に配線図に関する代表的な図示記号を示します。

表 5-18-1　電気設備の図示記号

図示記号	種別	図示記号	種別
配管配線		⊕LK	天井コンセント 2P15A×1（抜止形）
────────	天井隠ぺい配線		天井隠ぺい配線
────────	床隠ぺい配線	Ⓜ	電動機
----------	露出配線	Ⓗ	電熱器
F3	EM-EEF1.6-3C（二重天井内配線）	∞	換気扇
1.6(E19)	EM-IE1.6×2 本ねじなし電線管（E19）	▶│	整流装置
1.6(PF16)	EM-IE1.6×3 本 PF 管（16）	┤├	蓄電池
1.6(MM₁-A)	EM-IE1.6×2 本 1 種金属線ぴ A 型	Ⓢ	開閉器箱
⏚	接地極	◤	分電盤
□	ジョイントボックス	◆	制御盤
⊠	プルボックス	⊠	配電盤
⌇	受電点、引込口	⊗	設置端子箱
電灯・スイッチ・コンセント		**構内情報通信網**	
○	蛍光灯　天井付	RT	ルータ
●	蛍光灯　天井付（非常用照明器具）	HUB	ハブ
◐	蛍光灯　壁付	Ⓣ	内線電話機
○	白熱灯・HID 灯　天井付	⋈	集合保安器箱
◐	白熱灯・HID 灯　壁付	MDF	本配線盤
●	白熱灯（非常用照明器具）	PBX	交換機
•	タンブラスイッチ 1P15A×1（連用大角形）	**テレビ共同受信装置**	
•3	タンブラスイッチ 3W15A×1（連用大角形 3 路）	Ｔ	テレビアンテナ
✎	調光器	⏉	パラボラアンテナ
•T	タイマスイッチ 1P10A×1 設定時間 0 ～ 60 分以上、連続 ON 付	▽	増幅器
⊖	壁付コンセント 2P15A×1	⊕	2 分岐器
⊖20A	壁付コンセント 2P20A×1	⊕	4 分岐器
⊖E	壁付コンセント　2P15A×1（接地極付）	⊖	2 分配器
⊕	床コンセント　2P15A×1	⊖	4 分配器

5・電気・通信設備

❗ 電気の正体

　照明、エアコン、パソコン、冷蔵庫、電子レンジ、私たちのまわりのたくさんのものが電気を使って動いていますが、電気自体が何なのか、今一つその実体がつかめません。世の中のすべてのものは原子で構成されているといわれています。原子を構成する＋の電気を持った原子核のまわりには－の電気を持った電子が回っていますが、電子がなんらかの刺激を受けることで軌道からはずれて移動します。移動した電子のことを「自由電子」といい、自由電子の移動によって電流が発生して電気エネルギーになります。つまり、自由電子の移動が電気の正体ということになります。しかし、そういわれてもわかったようなわからないような、電気とは謎です。私たち人間は何か行動を起こすとき、脳からの信号が神経を伝わって筋肉を動かします。このとき微弱な電流が流れているといいますから、ますます電気とは謎です。万物が原子で構成されているとしたら、もしかしたらこの世のすべては電気に支配されているのではないかとさえ思ってしまいます。

　電気の語源は琥珀といわれています。琥珀は樹木から出た樹脂の化石ですが、約2600年前、古代ギリシア人が琥珀を擦ると、ものを引き寄せる力が発生することに気付いたといわれています。もちろん当時の人が静電気によってものを引き寄せたと理解したわけではありませんが、磨けばものを引き寄せる不思議な琥珀のことを古代ギリシア語で「elektron（エレクトロン）」と呼び、やがて英語の「electricity」に派生したといわれています。静電気や雷のように自然界にも電気は存在しますので、その正体はわからなくても電気の不思議な存在は古くから知られていたようですが、人が電気をコントロールするようになる大きなきっかけは1800年に電池を発明したイタリアの物理学者アレッサンドロ・ボルタ以降のことで、ボルタの功績は電圧の単位（V：ボルト）として残されています。

第6章

防災・消防・その他の設備

建物は火災、地震、落雷、犯罪など
さまざまな危険性と常に隣り合わせです。
本章では、いざというときのために建物や人命を守るうえで
必要な防災・消防などの設備を解説します。

6-1 自動火災報知設備と住宅用防災警報器

●自動火災報知設備

　自動火災報知設備とは建物内の火災の早期発見、避難誘導、注意喚起、消防機関への通報などを目的に設置されます。一定規模以上の建物や雑居ビルなどに消防法で設置が義務付けられています。火災が発生すると感知器が反応し、受信機に信号を送ります。受信機ではどの区域で火災が発生したのかを示し、音響装置と連動してベルや音声で火災発生を知らせます。同時に防火シャッターや防火扉の制御、消防機関などへの通報もします（図6-1-1）。

　主な構成機器としては、「①感知器」、「②発信機」、「③受信機」、「④音響装置」があります。①感知器のタイプとしては熱感知器、煙感知器、炎感知器があります。②発信機は手動によって受信機に火災発生の信号を送る装置です。誤発信などを防ぐ意味で保護板を強く押し破りボタンを押す構造になっています。③受信機の主な役割は前述の通りで、規模や機能などからP型、R型などがあります（図6-1-2）。④音響装置にはベル、サイレンなどがありますが、警戒音だけではどこで火災が発生したかなどがわからず、パニックを起こすことも考えられるので、最近では音声による適切な避難誘導、注意喚起ができる非常用放送設備と連動させることが多いです。

●住宅用防災警報器

　住宅においても火災への対策は必要です。最も一般的な例としては「住宅用防災警報器」の設置です。警報器は就寝時の逃げ遅れを防ぐ観点から、主に寝室や寝室のある階の階段などに設置します。電源としては電池式のもの、家庭用のコンセントで使うものがあります。警報器単独でブザーを鳴らす方法や有線や無線で警報器どうしを連動してブザーをならす方法があり、最近ではインターホンとの連動なども可能です。なお、正しく警報器が作動するように設置場所には図6-1-3のようなルールがあります。

図 6-1-1　オフィスビルなどの自動火災報知設備

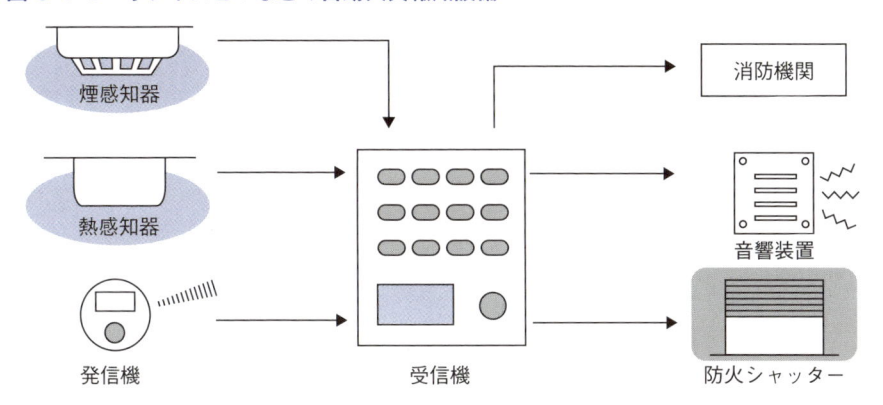

煙感知器
熱感知器
発信機
受信機
消防機関
音響装置
防火シャッター

図 6-1-2　受信機の種類

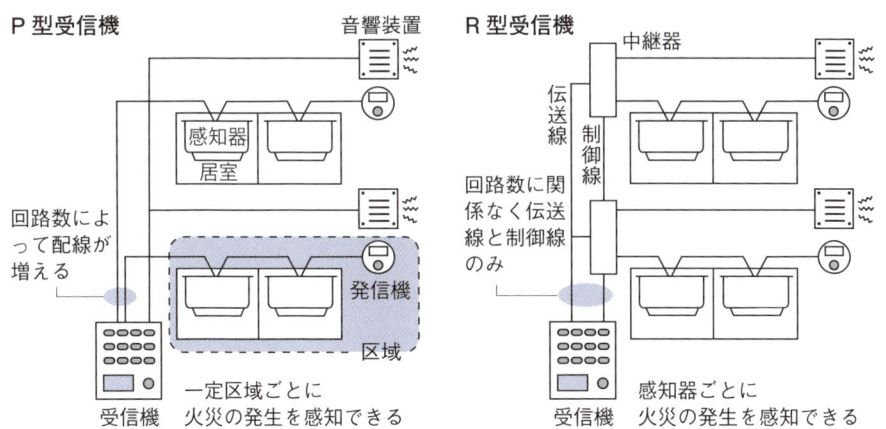

P 型受信機

音響装置
感知器
居室
発信機
区域
受信機
回路数によって配線が増える
一定区域ごとに火災の発生を感知できる

R 型受信機

中継器
伝送線
制御線
受信機
回路数に関係なく伝送線と制御線のみ
感知器ごとに火災の発生を感知できる

図 6-1-3　警報器の取り付け位置

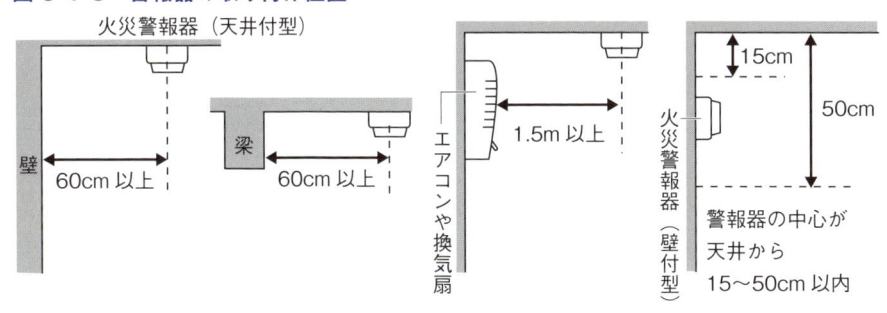

火災警報器（天井付型）
壁　60cm 以上
梁　60cm 以上
エアコンや換気扇　1.5m 以上
火災警報器（壁付型）　15cm／50cm
警報器の中心が天井から 15〜50cm 以内

6・防災・消防・その他の設備

6-2 屋内消火栓設備とスプリンクラー設備

●屋内消火栓設備

「屋内消火栓設備」は建物内にいる人が「初期消火」の目的で使用します。初期消火とは出火して間もない火事の消火活動のことですが、目安としては天井に火が燃え移る前といわれます。それ以降の火災については速やかに避難して消防隊の消火活動に任せることになります。屋内消火栓には「1号消火栓」「易操作性1号消火栓」「2号消火栓」があり、それぞれ設置する防火対象物や、屋内消火栓から防火対象物までの水平距離が決められています。1号は2名で操作、易操作性1号と2号は1名で操作ができます（図6-2-1）。

●スプリンクラー設備

「スプリンクラー設備」は不特定多数の人が利用する建物や施設で設置される設備で、主に初期消火を目的としますが、火災の中期以降にも対応します。「閉鎖型」と「開放型」があり、閉鎖型は配管内に水が充填されていて、ヘッドの感熱体が熱で溶解するとヘッドの一部が分解され、水圧で栓が開き放水し、デフレクターに当たって散水されるしくみになっています（図6-2-2）。開放型は手動で開放弁を開くことで散水します。

スプリンクラー設備の他にも水系の消火設備としては「水噴霧消火設備」、「泡消火設備」があります。この水系の消火設備は感電の恐れがある電気室、コンピューター室など電気を扱うところには二次災害の恐れがあり、不向きといえます。電気室などの電気設備関連の火災に適しているものとしては「粉末消火設備」や「不活性ガス消火設備」などがあります。粉末消火設備は電気を通さない粉末消火剤の窒息効果で消火します。不活性ガス消火設備は二酸化炭素や窒素などの不活性ガスで酸素濃度を低下させて窒息効果で消火するものです。不活性ガスは人命に関わるので、一般的に普段、人がいない電気室やボイラ室などに使われます。

図 6-2-1　屋内消火栓の種類と設置位置

1号消火栓

- 表示灯　消火栓ポンプが起動していると点滅する
- 消火栓起動ボタン
- 消火栓弁　放水操作には2人以上が必要、1人がノズルを持ちもう1人が消火栓弁を開放する
- ノズル
- ホース

易操作性1号消火栓

- 消火栓弁起動スイッチ付
- 1号消火栓と同じ放水能力を持ち、1人でも放水ができる
- ノズル
- ホース

2号消火栓

- 消火栓弁起動スイッチ付
- 放水量が1号消火栓の半分以下に小型化されている
- ノズル
- ホース

屋内消火栓　25（15）m

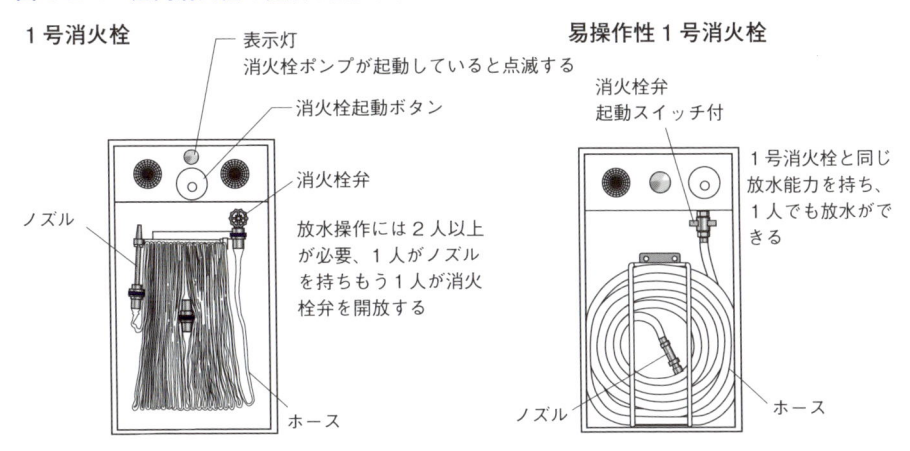

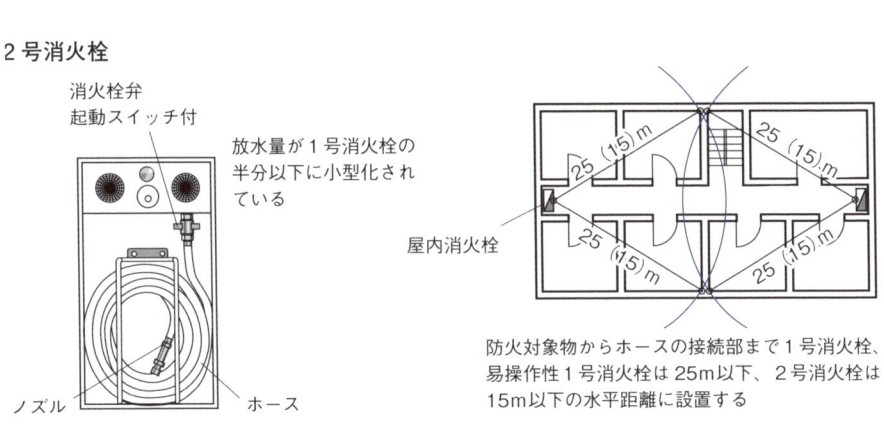

防火対象物からホースの接続部まで1号消火栓、易操作性1号消火栓は25m以下、2号消火栓は15m以下の水平距離に設置する

図 6-2-2　閉鎖型スプリンクラーのしくみ

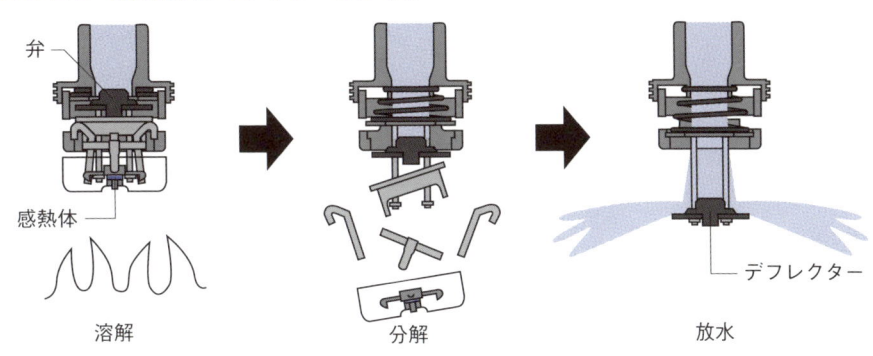

- 弁
- 感熱体

溶解 → 分解 → 放水

デフレクター

6-3 排煙設備

●排煙設備の役割

　実際の火災では火よりも煙による二次災害の方が恐ろしいともいわれます。火が燃え広がるよりも煙の広がる速度の方が圧倒的に速いからです。煙の拡散速度は水平方向には0.3〜0.8m/秒、上昇する速度は3〜5m/秒です。目安としては平均的な人の歩く速度は時速4キロ程度といわれますので、毎秒換算すると約1m/秒ということになります。

　火災による煙を吸い込むと一酸化炭素中毒で呼吸困難になり、体の自由がきかなくなってしまいます。排煙設備の役割は建物内の煙を速やかに排除して避難経路を確保することです。別の見方をすれば消防隊の消火活動を円滑に行えるようにする設備でもあります。

●排煙設備の排煙方式

　排煙方式を大きく分けると「自然排煙方式」、「機械排煙方式」があります。自然排煙方式は動力を使わず、手動開放装置を押すことで天井や壁面の上部の排煙口が開き、煙の浮力を利用して排煙します。動力を使わないのでシステム自体が単純でローコストですが、煙を制御する能力に劣ります。

　機械排煙方式は動力を使った排煙方法です。手動開放装置、排煙口、排煙ファン、排煙ダクト、ダンパなどから構成されています。手動開放装置や煙感知器と連動して天井の排煙口が開き、シロッコファンなどの排煙ファンで煙を外に引き出します。自然排煙方式と比較してシステムが複雑になる分コストはかかりますが、煙を制御する能力は優れています（図6-3-1）。

　機械排煙の一種としては「加圧防煙システム」があります。火災で発生した煙を排煙ファンで排出するのと同時に、避難方向側の階段、廊下、附室などの圧力を加圧ファンで機械的に高くして、避難方向に煙が流れないように煙をコントロールして避難経路を確保するシステムです（図6-3-2）。

図 6-3-1　機械排煙方式の構成

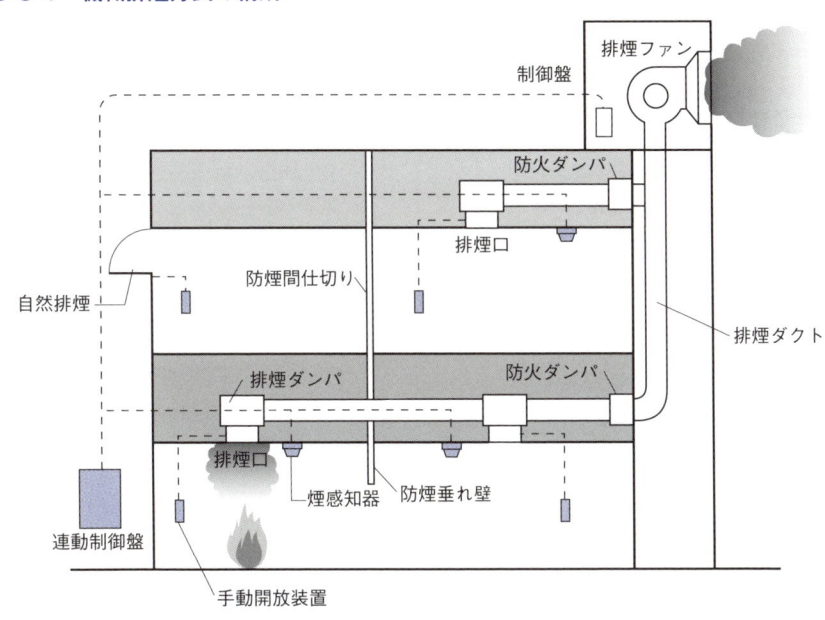

図 6-3-2　加圧防煙システムのイメージ

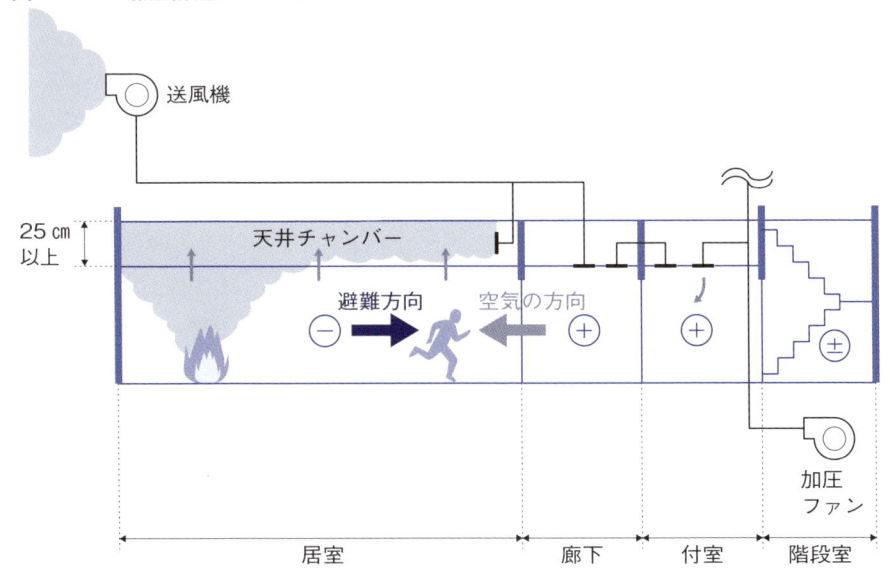

6-4 誘導灯・非常用照明・非常電源

●誘導灯と非常用照明

　誘導灯は緑地に白や白地に緑といったシンボルマークのことで、避難口の位置を示したものが「避難口誘導灯」、避難口に至るまでの避難方向を矢印で示したものを「通路誘導灯」といいます（図6-4-1）。これらの誘導灯は火災やその他の災害で停電になったときに点灯していないと意味がないので、停電時に原則20分以上点灯するように定められています。また、誘導灯は明るさを確保するものではないので、停電時に避難に必要な明るさを確保するためには「非常用照明」が必要になります。非常用照明は停電時に30分以上点灯するように定められています。誘導灯や非常用照明の停電時の電源として一般的なのは、器具ごとにニッケル水素電池などの蓄電池を内蔵する方法です。ただし、蓄電池が放電して、いざというときに使えないということにならないように、定期的に点灯確認や、内蔵蓄電池の交換が必要になります。大規模な建物では、蓄電池を1箇所にまとめて設置し、停電時には蓄電池設備から電源供給する場合もあります。

●非常電源

　前述した誘導灯、本章でこれまで紹介した屋内消火栓設備、スプリンクラー設備、排煙設備などは「消防用設備」といわれます。
　消防用設備は火災時などに人命を守るうえで欠かせない設備であり、消防隊が円滑な消火活動をするうえでも欠かせない設備なので、停電したときに備えて常用電源から非常電源に自動で切り替わるようにしなければなりません。非常電源としては「非常電源専用受電設備」「自家発電設備」「蓄電池設備」「燃料電池設備」があります。消防用設備の種類によって適応する非常電源設備の種類と容量が異なります。表6-4-1に消防用設備と非常電源の適応表を示します。

図 6-4-1　誘導灯

避難口誘導灯 ── 緑地

通路誘導灯 ── 白地

表 6-4-1　消防用設備と非常電源の適応表

消防用設備等	非常電源の種別	使用時分
屋内消火栓設備 スプリンクラー設備 屋外消火栓設備 水噴霧消火設備 泡消火設備	非常電源専用受電設備（注1に掲げる防火対象物は除く。）、自家発電設備、蓄電池設備又は燃料電池設備	30分以上
不活性ガス消火設備 ハロゲン化物消火設備 粉末消火設備	自家発電設備、蓄電池設備又は燃料電池設備	60分以上
自動火災報知設備 非常警報設備 （非常ベル、自動式サイレン、放送設備）	非常電源専用受電設備（注1に掲げる防火対象物は除く。）又は直交変換装置を有しない蓄電池設備	10分以上
ガス漏れ火災警報設備	直交変換装置を有しない蓄電池設備又は直交変換装置を有する蓄電池設備、自家発電設備若しくは燃料電池設備（注3に掲げる場合に限る。）	
火災通報装置	密閉型蓄電池設備	
総合操作盤	非常電源専用受電設備、自家発電設備、蓄電池設備又は燃料電池設備（注2）	120分以上◆
誘導灯	直交変換装置を有しない蓄電池設備又は直交変換装置を有する蓄電池設備、自家発電設備若しくは燃料電池設備（注4に掲げる場合に限る。）	20分以上 （注5の場合は60分以上）
排煙設備 非常コンセント設備	非常電源専用受電設備（注1に掲げる防火対象物は除く。）、自家発電設備、蓄電池設備又は燃料電池設備	30分以上
無線通信補助設備	非常電源専用受電設備（注1に掲げる防火対象物は除く。）又は直交変換装置を有しない蓄電池設備	30分以上

（注）1　延べ面積が 1,000㎡以上の特定防火対象物
　　　2　各消防用設備等の種別に応じた非常電源とする
　　　3　2回線を1分間有効に作動させ、同時にその他の回路を1分間監視状態にすることができる容量を有する予備電源又は蓄電池設備を設ける場合
　　　4　延べ面積が 50,000㎡以上、地階を除く階数が 15以上で延べ面積 30,000㎡以上又は（16の2）項で延べ面積が 1,000㎡以上の防火対象物で、20分間以上の容量を有する直交変換装置を有しない蓄電池設備を設ける場合
　　　5　延べ面積が 50,000㎡以上、地階を除く階数が 15以上で延べ面積 30,000㎡以上又は（16の2）項で延べ面積が 1,000㎡以上の防火対象物

6-5 避雷設備

●避雷設備とは

落雷による火災などから建物や人命を守るために設置するのが避雷設備です。原則としては高さ20mを超える建物のほか、煙突や広告塔などの工作物についても20mを超える部分には避雷設備の設置が義務付けられています。ただし、もちろん20m以下の部分に雷が落ちないわけではありません。近年では集中的な豪雨や雷をともなう、ゲリラ豪雨も各地で頻発していますので、一般住宅においても避雷設備を設置するべきだと思います。

●避雷設備のしくみ

避雷設備の基本的なしくみとしては「避雷針」といわれる棒状の金属製の導体で受けた雷を「引き下げ導線」によって大地の「接地極」に導くしくみになっています（図6-5-1）。雷を受ける部分としては、避雷針の他にも「棟上げ導体」や「メッシュ導体」などがあります。棟上げ導体は線状の金属製の導体を建物の屋根や屋上に取り付ける方法です。ビルなどで見られる陸屋根の場合は、屋上の端部の立ち上がりに「パラペット（図6-5-2）」を設けますが、このパラペット自体を棟上げ導体とする例も多く見られます。メッシュ導体とは建物を網目状のメッシュ導体で覆って保護する方法です。

避雷針を設置する場合は保護範囲を考慮する必要があります。保護範囲については「保護角法」「回転球体法」「メッシュ法」によって決められます（図6-5-3）。保護角法については、以前は高さの規定がなく一般的な建物は60°以下が保護範囲とされていましたが、建物の高さが高くなってくると60°では建物の側面に落ちる側撃雷に対応できないことが判明し、現在のJIS規格では高くなるほど保護角度は狭くなっています。実際の大規模な建物では避雷針だけでは保護システムとして十分ではないので、棟上げ導体、メッシュ導体などを併用して建物を包括的に保護するようにします。

図 6-5-1　避雷設備

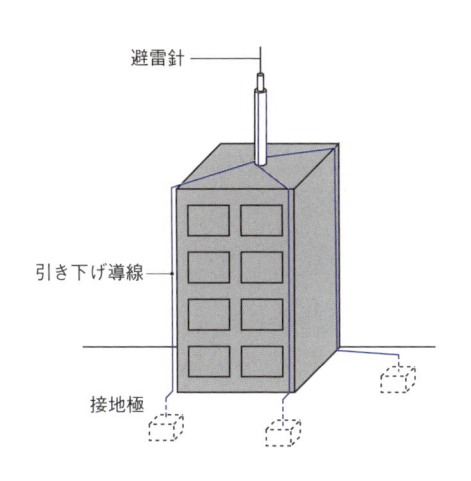

図 6-5-2　パラペット

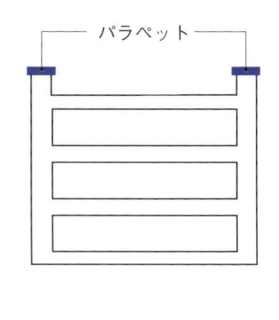

図 6-5-3　避雷針の保護範囲

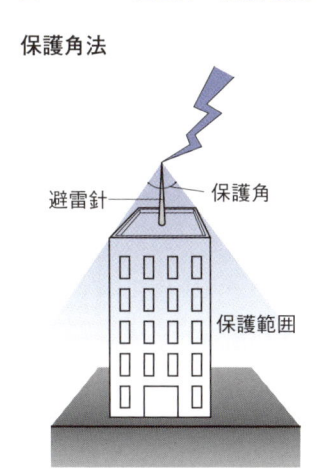

保護角法
避雷針からの保護角で定める稜線内が保護範囲

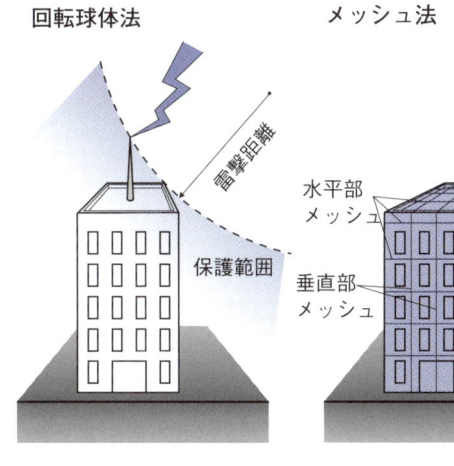

回転球体法
雷撃距離を半径とした球体が受雷部（避雷針など）と大地、または2つ以上の受雷部と接したときの球体表面から建物側が保護範囲

メッシュ法
メッシュ導体で覆われた内側が保護範囲

6・防災・消防・その他の設備

6-6 耐震・制震・免震

●地震大国日本

　日本は四季があり、山が多く、森林に恵まれ、海に囲まれた美しい島国ですが、その恵まれた国土と引き換えに、台風、大雨、洪水、大雪、地震、津波などの自然災害の多い国でもあります。特に地震についていうと、日本は「ユーラシアプレート」「北米プレート」「太平洋プレート」「フィリピン海プレート」の4つのプレートが集まる地点にあり、いわずと知れた地震大国であると同時に火山大国です。米国地質調査所（USGS）統計によると、全世界のマグニチュード6以上の地震の約20％が日本で発生しています。

●建物の地震対策

　建物における地震対策の考え方としては「耐震」「制震」「免震」に分けられます（図6-6-1）。実際の建物ではこれらの考え方を組み合わせることによって、より安全な建物にするべきです。

　耐震とは建物が地震の揺れに耐えられるように、主に壁の強度を「筋交い」や「面材」で頑丈なものにしようという考え方です。低層階の一般住宅などで最もローコストな耐震改修工事ですが、高層ビルなどでは上層にいくにつれ、揺れの増幅が起こるので、耐震だけでは対応できなくなります。

　制震とは地震の揺れを制御しようという考え方です。躯体にダンパなどの制震装置を組み込み、地震の揺れを減衰させます。一般住宅でも耐震を確保したうえで制震装置を導入する例が見られます。また、高層ビルなどでも揺れの増幅を制御するために制震装置を導入する例が多く見られます。

　免震とは地震の揺れを免れようという考え方です。ゴムやベアリングなどの免震装置で建物と地盤を切り離し、地震の揺れを受け流すしくみです。一般的にはコストが高く、大規模な建物で採用される例が多いですが、近年では比較的コストを抑えて、一般住宅での採用例も増えてきています。

図 6-6-1　地震対策の種類

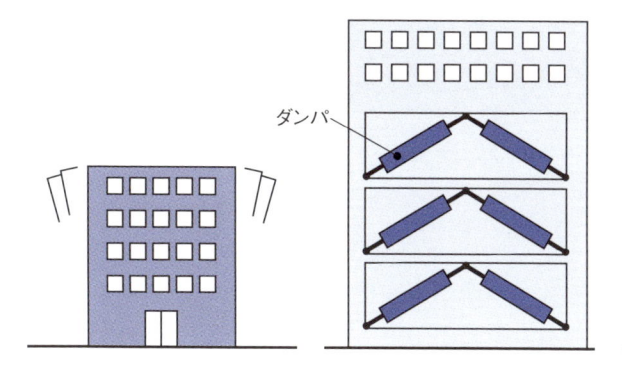

耐震構造
揺れに耐える

建物の柱や壁の強度や変形性能（粘り強さ）を高める。建物全体で揺れに耐える

制震構造
揺れのエネルギーを吸収する

建物に揺れのエネルギーを吸収する部材（ダンパ）を入れて、建物の揺れを小さくする

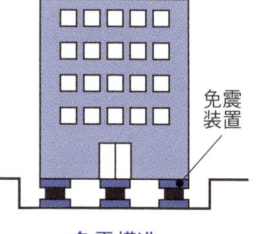

免震構造
地震から免れる

免震装置によって、建物と地面を切り離し、建物に伝わる揺れのエネルギーを小さくする

免震装置

LRB 免震装置 　　鉛ダンパ

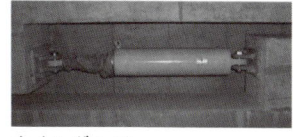

オイルダンパ

制震装置

（写真提供：株式会社安藤・間）

（写真提供：株式会社安藤・間［LRB 免震装置］、一般財団法人日本免震構造協会［鉛ダンパ、オイルダンパ］）

6・防災・消防・その他の設備

6-7 防犯設備

●日本の窃盗認知件数

　平成24年版の「犯罪白書」によると、前年度の平成23年で100万件以上の窃盗が認知されています。これはあくまで被害届けが出されて認知されている件数なので、実際にはもっと多くの窃盗事件が発生しているものと思われます。日本は治安のよい国といわれていますが、この数字を見る限り、はたして本当に治安がよいといえるのか疑問です。

●防犯設備

　防犯設備を構成する機器にはさまざまなものがあります。防犯カメラ、レコーダー、各種センサ、フラッシュライト、警報ベルなど、これら防犯機器が連動して侵入者に対し監視・威嚇などを行い、異常時には警備会社へ通報します。図6-7-1に防犯設備のイメージを示します。

　一般住宅においては主に外部からの不審者の侵入を防ぐセキュリティ対策が肝心です。空き巣が嫌がる防犯対策には「①音」「②光」「③目」「④時間」の4つの原則があるといわれます。①②については大きな音や強い光は侵入者への効果的な威嚇になります。③については、侵入者は見られることを嫌がるので防犯カメラなどが効果的です。なお、完全に目隠しになっている門や塀は乗り越えるとかえって人目につかなくなり逆効果となることがあるので設置には注意が必要です。④については、建物に侵入するのに時間がかかることを嫌います。窓に格子を付ける、強度の高い防犯ガラスにする、電子錠やシリンダー錠にするなどの対策が有効です。

　法人企業においては、店舗、オフィスビル、金融機関など、建物の用途や規模、取り扱う対象によりセキュリティ対策も違います。一般的に法人では、外部からの侵入者に加えて、内部犯罪への対策も必要になります。ICカードや生体認証機能などによる入退出の管理も重要になります。

図 6-7-1　防犯設備のイメージ

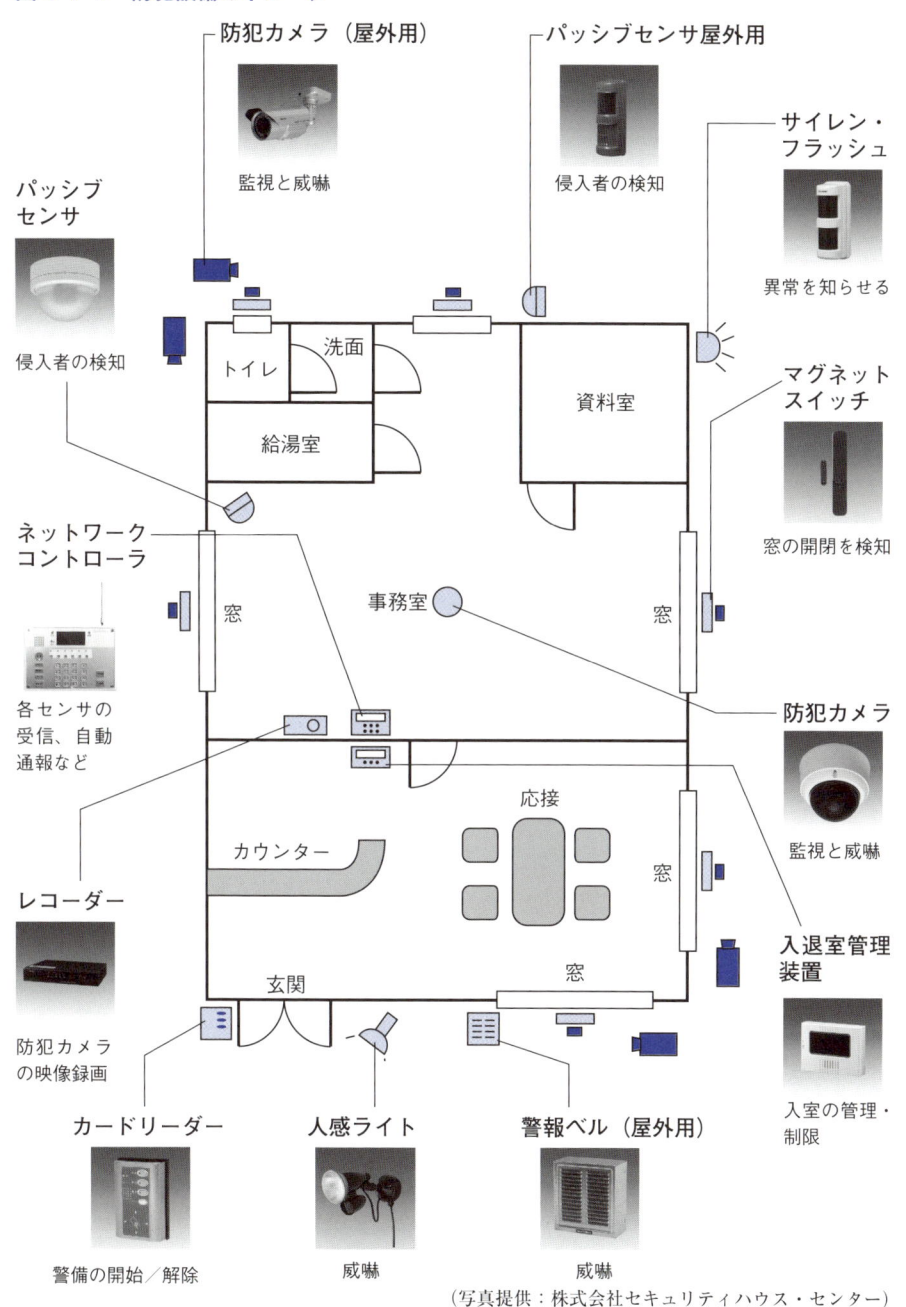

防犯カメラ（屋外用）
監視と威嚇

パッシブセンサ屋外用
侵入者の検知

サイレン・フラッシュ
異常を知らせる

パッシブセンサ
侵入者の検知

マグネットスイッチ
窓の開閉を検知

ネットワークコントローラ
各センサの受信、自動通報など

防犯カメラ
監視と威嚇

レコーダー
防犯カメラの映像録画

入退室管理装置
入室の管理・制限

カードリーダー
警備の開始／解除

人感ライト
威嚇

警報ベル（屋外用）
威嚇

（写真提供：株式会社セキュリティハウス・センター）

6・防災・消防・その他の設備

❗ メタンハイドレート

　近年、在来型の化石燃料に代わる次世代のエネルギーとして注目を集めているのが、燃える氷ともいわれる「メタンハイドレート」です。低温・高圧の環境下でつくられる水分子とメタンガス分子から成る氷状の固まりから天然ガスを採取することが可能です。メタンハイドレートは世界中の至るところに分布していますが、特に日本の近海に豊富に眠っていることが明らかになっています。日本近海の埋蔵量としてはさまざまな憶測がありますが、日本で使う在来型の天然ガス100年分ともいわれ、実際に愛知・三重県沖の海底など日本近海の各所で採取に成功しています。メタンハイドレートは在来型の化石燃料と比較して燃焼時のCO_2の排出量を大幅に抑えられるため、地球温暖化対策としても有効といわれています。

　戦後、日本はエネルギー資源を外国からの輸入に頼って経済発展してきました。原油価格が高騰しようが何があろうが、はるか遠い中東などの諸外国から大型タンカーでエネルギー資源を輸入しなければ、日本が機能しなくなってしまうわけですが、日本近海で天然ガスが採取できるとなれば、自国でエネルギー資源をまかなえる可能性があるのですから、メタンハイドレート実用化への期待が高まるのも当然のことといえます。自国の利益、地域の雇用、活性化に繋がることも考えられますし、自国でエネルギーを独り占めするのではなく、各国にメタンハイドレートを実用化する技術を提供することで在来型エネルギーからの転換の救世主になるかもしれません。

　メタンハイドレートは再生可能エネルギーではありませんが、在来型の化石燃料と比較してクリーンなエネルギーであることは確かです。近年、エネルギーのベストミックスという言葉を耳にすることが多くなりました。近い将来、地熱発電、太陽光発電などの再生可能エネルギーとメタンハイドレートの併用がエネルギーのベストミックスになるのかもしれません。

第7章

省エネを考慮した設備

私たちは電気やガスなどのエネルギーを
消費して暮らしていますが、
今後、人が自然と仲良く暮らしていくためには
エネルギーとの関わり方を
もっと真剣に考える必要がありそうです。
本書の最後に省エネなどに考慮した設備について解説します。

7-1 身近に始められる省エネ

●人とエネルギーとの関わり

　地球温暖化や先の東日本大震災などの影響もあり、エネルギー問題に関心の高い昨今です。地球温暖化については一般的には人為的な CO_2 などの排出による温室効果ガスの濃度増加によるものとされていますが、人為的なものよりも自然要因に由来するものだとか、むしろ CO_2 の排出が次の氷河期を阻止する可能性があるだとか、さまざまな意見があるのも事実です。

　いずれにせよ、地球上のさまざまな生物の中で、電気やガスなどのエネルギーに依存して暮らしているのは人間くらいのものです。自分自身も電気を使ってこの原稿を書いていますし、本書もエネルギーを消費して出版されるわけで、現代社会でエネルギーを消費することなく暮らすことは難しいですが、できる限り慎ましく、せめて無駄なエネルギーの浪費は避けたいものです。以降、本章では省エネに関する方法や設備についていくつか解説します。

●身近に始められる省エネ

　一般家庭でできる身近な省エネにはさまざまなものがありますが、「冷蔵庫」「照明器具」「テレビ」「エアコン」の4つの家電で使われる消費電力量が全体の約4割を占めるといわれていますので、これらの主要家電の使い方には特に注意すべきです（図7-1-1）。一例としては長時間使う冷蔵庫の温度設定や過剰な詰め込みをしない、ランプ効率のよい電球へ交換する、照明やテレビをつけっ放しにしない、エアコンの設定温度を見直す、効率の悪い電化製品を省エネ家電に買い替える、家電全般の待機電力の削減など、さまざまな省エネが考えられます（図7-1-2）。家に居るときだけではなく、もちろん出かけるときでも省エネに対する心掛けは忘れないようにしたいものです。生活が成り立たない程の節約や、健康を損ねるような節約はする必要がないと思いますが、工夫次第でエネルギーの浪費と出費の削減は可能と思われます。

図 7-1-1　世帯当たり家電製品別電気消費量の割合

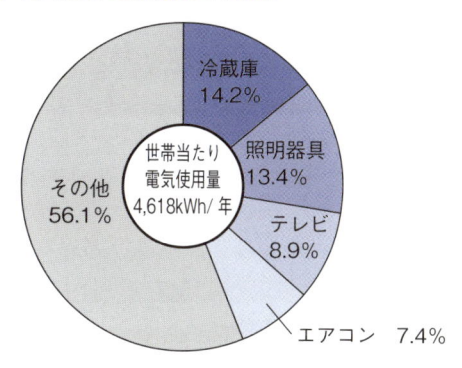

- 冷蔵庫 14.2%
- 照明器具 13.4%
- テレビ 8.9%
- エアコン 7.4%
- その他 56.1%
- 世帯当たり電気使用量 4,618kWh/年

（経済産業省資源エネルギー庁　総合エネルギー調査会　省エネルギー基準部会（第17回）資料より）
※資源エネルギー庁平成21年度民生部門エネルギー消費実態調査（有効回答10,040件）および機器の使用に関する補足調査（1,448件）より日本エネルギー経済研究所が試算（注：エアコンは2009年の冷夏・暖冬の影響を含む）

図 7-1-2　家庭でできる身近な省エネ

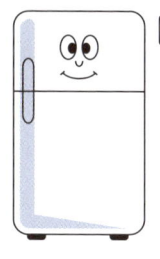

冷蔵庫
- 控えめな設定温度にする
- 詰め込みすぎない
- 無駄に開けない
- 熱いものは冷ましてから保存する

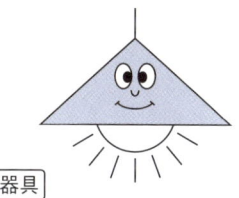

照明器具
- 白熱電球→LEDへの交換など、ランプ効率のよいランプに交換する
- つけっ放しにしない

テレビ
- つけっ放しにしない

エアコン
- エアコンの設定温度の見直し（冷房28℃、暖房20℃程度）
- フィルターの清掃

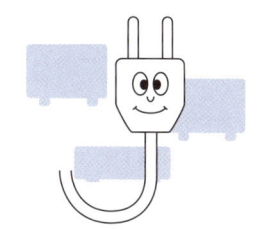

家電全般
- こまめにスイッチを切る
- 待機電力をカットするコンセントの使用
- コンセントを抜いて待機電力を削減
- 効率の悪い家電の買い替え
- 省エネ基準達成率の高い家電を選んで使う

7-2 太陽光と太陽熱を利用した設備

●太陽光を利用した発電

太陽光による発電システム(図7-2-1)は太陽の光をエネルギーに変換するシステムなので、石油や石炭など化石燃料由来のエネルギーとは違い、CO_2を排出しないクリーンなエネルギーです。発電量が使う電力より上回る場合は電力会社に売ることも可能です。深夜や曇りなど十分な発電量が得られないときは夜間の割安な電力を電力会社から供給されます。

発電にはソーラーパネル(太陽電池モジュール)が必要になりますが、十分発電量を得るには、ある程度の条件があります。よい条件としては、概ね、南向き30°で十分な日照と設置の面積を確保できることです。樹木や近隣の建物で日当りの悪いところや、北向きの屋根、あるいは日当りがよくても設置する面積自体が足りない場合は、十分な発電量を得られないケースもありますので、設置には諸条件を検討し、専門家の意見を聞いたうえで検討すべきです。国や地方自治体の助成金制度も利用することができるので、諸条件を満たす場合は魅力的なシステムといえます。

●太陽熱を利用した給湯

太陽の熱を給湯に利用するシステムのことを「太陽熱温水器(図7-2-2)」といいます。集熱パネルと貯湯ユニットなどで構成され、太陽光発電と同様にクリーンなエネルギーです。一般住宅などにおいては、次ページで紹介するエコキュートやエコジョーズなどとのハイブリットなシステム構成によって、より、安定した給湯、風呂、シャワー、床暖房などへの利用が可能となっています。また、前述した太陽光発電との併用も可能ですので、太陽の光と熱を効率よく取り入れることも可能です。太陽熱を利用した給湯システムは、一般住宅でももちろん利用できますし、工場、福祉施設、病院、温水プールなどさまざまな建物、施設で利用されています。

図 7-2-1　太陽光発電

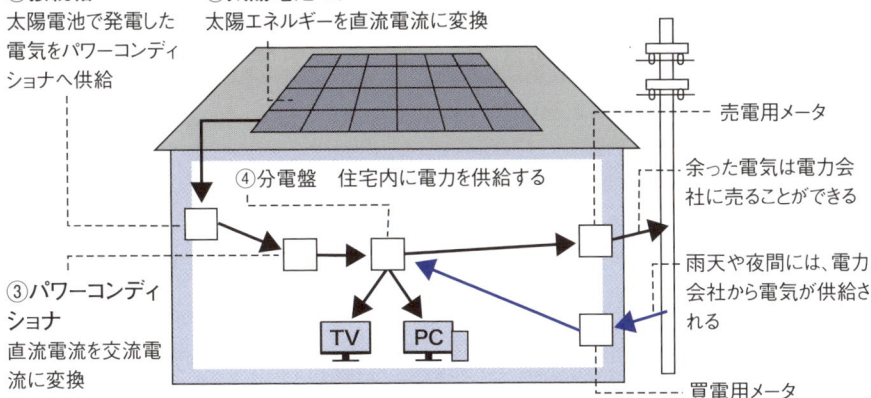

②接続箱
太陽電池で発電した電気をパワーコンディショナへ供給

①太陽電池モジュール
太陽エネルギーを直流電流に変換

④分電盤　住宅内に電力を供給する

③パワーコンディショナ
直流電流を交流電流に変換

売電用メータ
余った電気は電力会社に売ることができる
雨天や夜間には、電力会社から電気が供給される
買電用メータ

メリット
- 発電によってつくられた電力で電気料金を節約できる
- 発電量が十分な場合は電力会社に売電できる
- 災害などによる停電時でも発電による電気が使える（非常用コンセントによる電気使用が可能）
- 助成金制度が利用できる

デメリット
- 設置の規模、メーカーにより異なるがイニシャルコストが比較的高く、メンテナンスコストも必要になる
- 気象条件によって発電効率が落ちる
- 夜間の発電ができない

図 7-2-2　太陽熱温水器

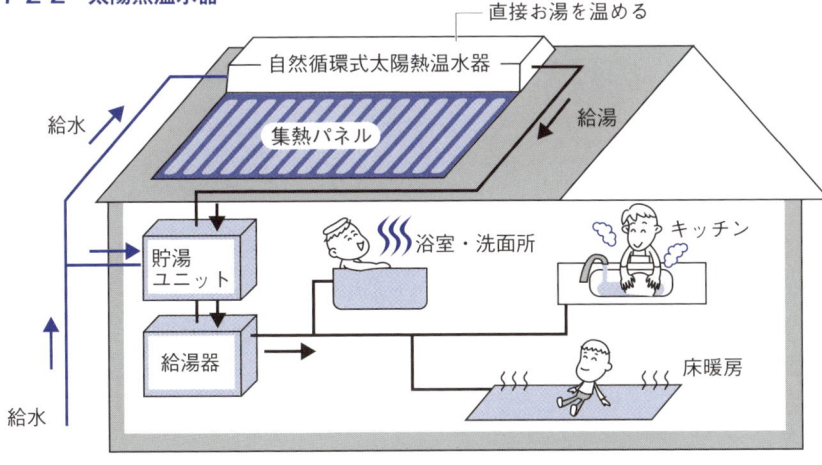

直接お湯を温める
自然循環式太陽熱温水器
集熱パネル
給水／給湯
貯湯ユニット
給湯器
浴室・洗面所
キッチン
床暖房
給水

メリット
- 熱利用による給湯ができ、お湯をわかす電気料金を節約できる
- イニシャルコストが比較的ローコスト
- エネルギーの変換効率が比較的高い

デメリット
- 貯湯ユニットなどの設置スペースが必要
- 気象条件、季節によって効率が落ちる
- 集熱パネルの屋根への荷重
- 太陽熱温水器単体ではなくハイブリットシステムの構成によってメリットが得られる場合が多い

7・省エネを考慮した設備

7-3 エコキュート・エコジョーズ

●エコキュート

　大気中の熱を汲み取ってヒートポンプの原理でお湯をつくるのがエコキュートです。従来の電気温水器はヒーターを加熱することによる電気エネルギーのみでお湯をつくりますが、エコキュートは大気中の熱エネルギーを利用できるので、より少ない電力で効率よくお湯をつくることができます（図7-3-1）。つくられたお湯はキッチン、風呂、シャワーなどで利用されます。

　一般的にはオール電化の住宅に適した給湯設備で、夜間の割安な電力を利用し、1日使う分のお湯を深夜に貯湯ユニットに蓄えます。貯湯ユニットのタンク容量は370、460Lがあり、メーカーにより180、300、500Lなど家族構成に合わせて選択することとなります。目安としては概ね、4人家族で370L程度のタンク容量が必要です。注意点としては来客などで大量のお湯が必要になる場合や、使い方によっては湯切れになる場合があることや、貯湯ユニットとヒートポンプユニットの設置スペースの確保と、深夜にお湯をつくる性質上、近隣への騒音の配慮も必要になります。

●エコジョーズ

　従来型の給湯器では排気によって約20%の熱やガスを捨てていましたが、エコジョーズでは今まで捨てていた20%のうち約15%の熱とガスを無駄なく回収することによって効率よくお湯に変換することができるので、従来の給湯器と比較してガス代を節約、排気によるCO_2の削減などのメリットがあります（図7-3-2）。その他のメリットとしては、基本的には瞬間湯沸器と同様の使い方なので、湯切れの心配がなく、貯湯ユニットの必要がないので省スペースで、タンクに水を蓄えない性質上、衛生的といえます。デメリットとしては熱回収時に強酸性の液が発生するので、これを中和させる水道代とドレン管の配管工事が必要になります。

図 7-3-1　エコキュート

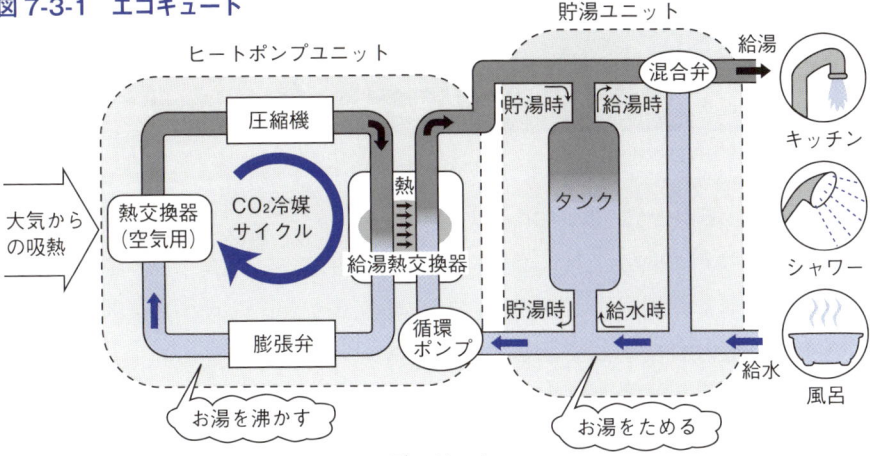

メリット
- 夜間の割安な電力利用で電気料金を節約できる
- ヒートポンプによる CO_2 の削減効果がある
- 貯湯を断水時の非常用水として利用できる

デメリット
- 気象条件、特に冬の効率が低下する、寒冷地に弱い
- ヒートポンプ、貯湯ユニットのスペースを要する
- 深夜にお湯をつくるので近隣への騒音配慮を要する
- 使い方により湯切れの心配がある

図 7-3-2　エコジョーズ

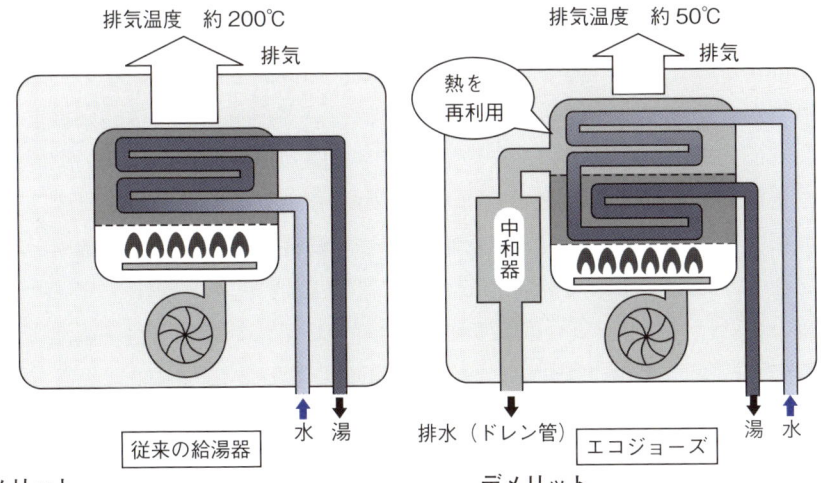

メリット
- 湯切れの心配がない
- タンクを要しないので省スペースで衛生的
- 従来の給湯器と比較してガス料金を節約できる
- CO_2 の削減効果がある

デメリット
- ドレン管の配管工事が必要になる

7・省エネを考慮した設備

7-4 コージェネレーションシステム（エコウィルとエネファーム）

●コージェネレーションシステム

　発電機でつくられる電気、発電時に発生する熱、2つのエネルギーをつくり出し、効率よく利用するシステムを「コージェネレーションシステム」といいます。電力会社などで行う大規模なコージェネレーションもありますし、以下で紹介する「エコウィル」や「エネファーム」のように、家庭でできるコージェネレーションもあります。

●エコウィルとエネファーム

　エコウィルはガスエンジンで発電するのと同時に排熱を利用してお湯をつくります（図7-4-1）。使う時間に合わせて貯湯ユニットにお湯を蓄えて給湯などに使うことができます。メリットとしてはコージェネレーションによる排熱利用、発電による電気料金の削減、自宅での発電なので送電ロスが少ない、湯切れの心配がないなどがあります。デメリットとしてはエンジンによって発電するので音がうるさい、停電時には一部機種を除き使えない、お湯を使う量が少ない場合は発電量も減少するなどです。基本的には給湯機能がメインで、発電についてはお湯をつくっている間の比較的短い時間の発電なので、発電量としてはあくまで補助的なものと考えてよいかと思います。

　エネファームはガスから水素を取り出して燃料電池で空気中の酸素と化学反応させることによって発電しています（図7-4-2）。メリット・デメリットについてははエコウィルと似ていますが、エンジンではなく燃料電池による発電のため騒音を出さない、あるいはCO_2の排出量を大幅に抑えられるなどのメリットがあります。デメリットとしてはエコウィルと比較してもイニシャルコストが高くなります。エコウィル、エネファーム共に発電については補助的なものなので、各メーカーでは電力会社への売電も可能な太陽光発電との併用によるダブル発電を薦めているケースが多く見られます。

図7-4-1　エコウィル

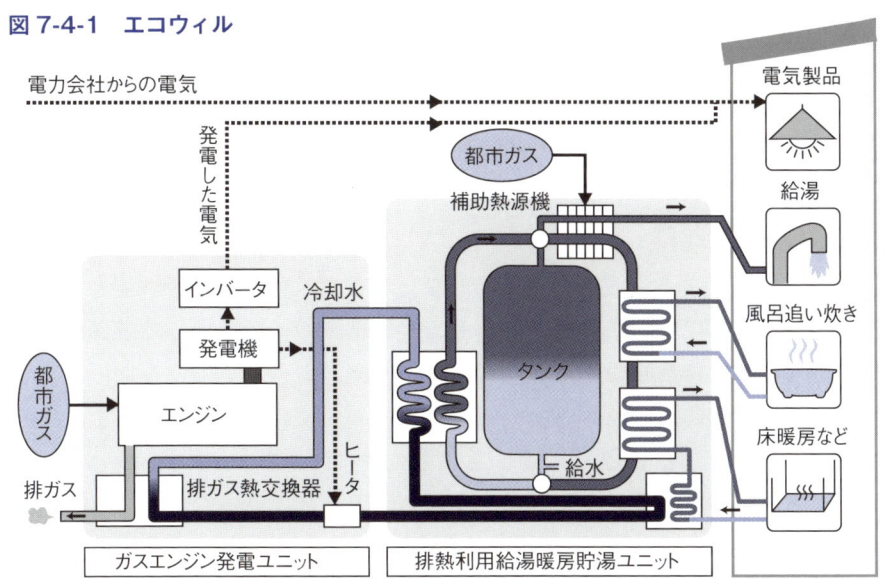

メリット
- コージェネレーションによる電気料金の節約と排熱利用
- 湯切れの心配がない

デメリット
- 発電、貯湯ユニットのスペースを要する
- ガスエンジンなので騒音がする

図7-4-2　エネファーム

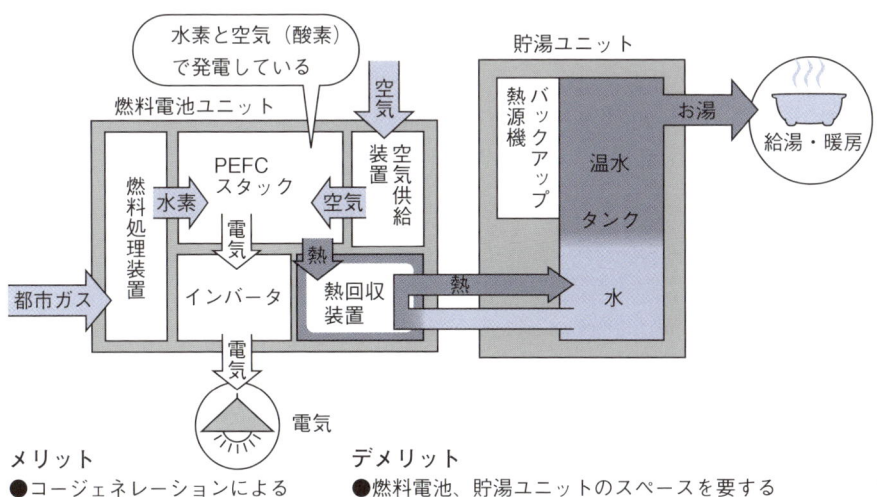

メリット
- コージェネレーションによる電気料金の節約と排熱利用
- 湯切れの心配がない
- CO_2の削減効果がある
- 騒音がほとんどしない

デメリット
- 燃料電池、貯湯ユニットのスペースを要する
- イニシャルコストが高い

7・省エネを考慮した設備

7-5 氷蓄熱式空調システム（エコアイス）

●エコアイスとは

　例えば単一ダクト方式などの一般的なビル空調設備では熱源機器と空調機が直接接続されて、寒さ、暑さに応じて冷凍機やボイラといった熱源機器を可動させて冷・温風をつくりますが、蓄熱式空調システムでは夜間の割安な電力を利用してあらかじめ冷・温熱を蓄えておいて、その冷・温熱を日中の空調に利用します。蓄熱方式としては「水蓄熱式」や「氷蓄熱式」があり、ポンプの動力負荷の軽減や蓄熱槽を小型ユニット化できるなどから氷蓄熱式空調システム（図7-5-1）を採用する例が多いようです。氷蓄熱式空調システムのことを一般的に通称「エコアイス」といいます。

●エコアイスの特徴

　エコアイスは夜間の割安な電力で、夏には氷を、冬には温水を蓄熱槽に蓄えます。現在では蓄熱と同時に冷暖房が行えるシステムもありますが、基本的には夜間に蓄熱した冷・温熱を日中に利用するのが効率的なので、事務所ビル、店舗、学校など夜間に空調が必要ない建物に向いているといえます。
　エコアイスの最大のメリットは蓄熱利用することで空調機の負荷を軽減し、消費電力を低減できることです。日中の空調が必要とされる時間の全域で蓄熱分を利用するピークシフトや、特に空調負荷が大きくなる時間帯に限定して蓄熱分を利用するピークカットによってランニングコストを抑えることができます（図7-5-2）。蓄熱槽も小型化され、ビル用マルチエアコンと同様に個別分散での運転制御も可能になります。エコアイスは中～大規模な建物や施設に向いている空調システムといえるかと思います。
　一般住宅では夜間でも空調が必要となる場合が多いので夜間の蓄熱が有効でない、あるいはヒートポンプエアコン単独の方が効率面や設置スペースなどを考えると有効なので、一般住宅にはほとんど普及していないのが現状です。

図 7-5-1　氷蓄熱式空調システム（エコアイス）

ユニットタイプ

- 熱源機
- 氷蓄熱槽
- 空調機
- 水配管
- ダクト（風道）

ビル用マルチタイプ

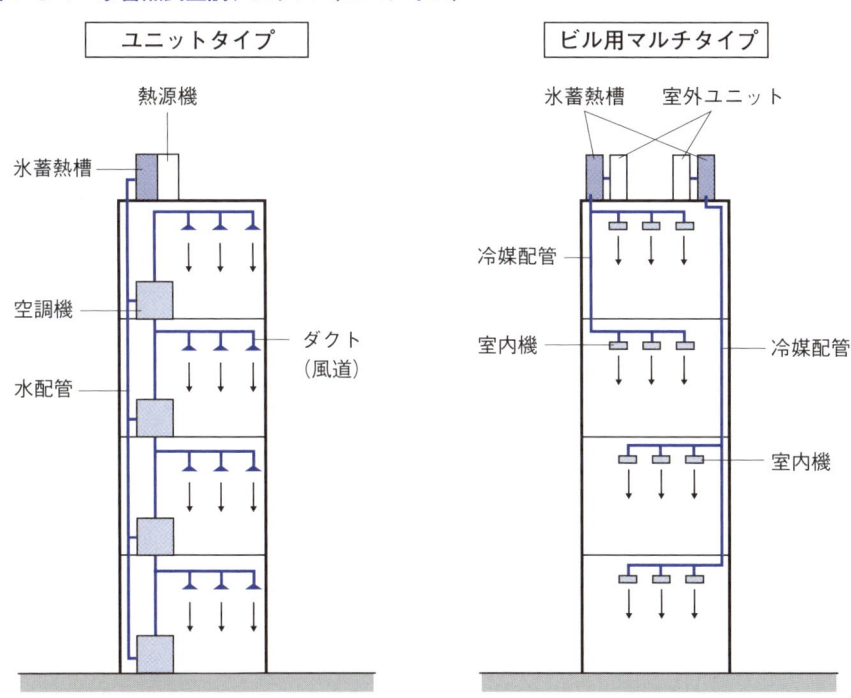

- 氷蓄熱槽
- 室外ユニット
- 冷媒配管
- 室内機
- 冷媒配管
- 室内機

図 7-5-2　蓄熱運転によるピークシフトとピークカット

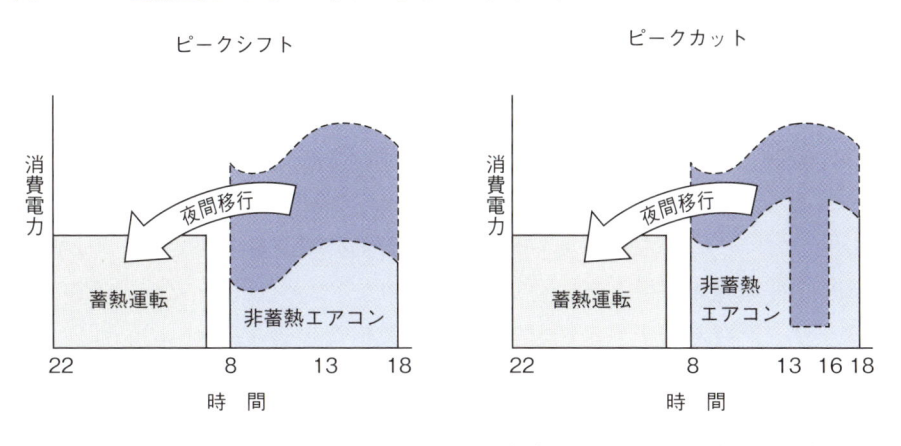

ピークシフト

消費電力／時間（22, 8, 13, 18）
蓄熱運転　夜間移行　非蓄熱エアコン
時間の全域で蓄熱を利用する

ピークカット

消費電力／時間（22, 8, 13, 16, 18）
蓄熱運転　夜間移行　非蓄熱エアコン
負荷が大きくなる時間帯で蓄熱を利用する

7-6 自然の力を利用したパッシブシステム①

●パッシブシステムとは

　太陽光、太陽熱、地熱などの再生可能な自然の力を、機械的な動力を使わずに、建築的な工夫によって効率よく取り入れる手法を「パッシブシステム」といいます。対して機械的な動力を使う手法を「アクティブシステム」といいます。地域や周辺環境などによってはパッシブシステムだけで快適な室内環境を得られる場合もありますが、パッシブシステムだけで物足りない場合はアクティブシステム、その他の空調設備との併用などによって快適な室内環境をつくります。いずれにせよ、空調負荷、照明負荷などの軽減に繋がるので、結果として環境への配慮もできます。

●さまざまなパッシブシステム

　図7-6-1に太陽熱と太陽光を利用するパッシブシステムの代表的なものをいくつか紹介します。「ダイレクトゲイン」「トロンブウォール」は石、レンガ、コンクリートなどの蓄熱体に太陽からの熱を蓄えて、放熱時間の遅れを利用して部屋を放射熱で暖めるパッシブヒーティングです。ダイレクトゲインは床に、トロンブウォールは壁に蓄熱体を設けます。蓄熱体は暖まるのに時間はかかりますが、暖まると冷めにくい性質がありますので、昼間暖めておいて夜間まで放熱する効果を期待できます。そのため冬場の暖房負荷軽減の一助となるシステムといえます。「エアサイクル」「ダブルスキン」は特にペリメータゾーンの温熱環境の改善に効果が期待できる手法です。エアサイクルは二重構造の外壁と床に空気を循環させてパッシブヒーティングあるいはクーリングをします。ダブルスキンは二重構造の窓ガラスに空気層をつくり夏は排気、冬は室内に放射させて室温を調節します。太陽光を利用する「ライトシェルフ」は窓上部などの反射板を利用して光を部屋の奥まで導きます。昼間の照明などの節電対策としても有効です。

図 7-6-1 さまざまなパッシブシステム

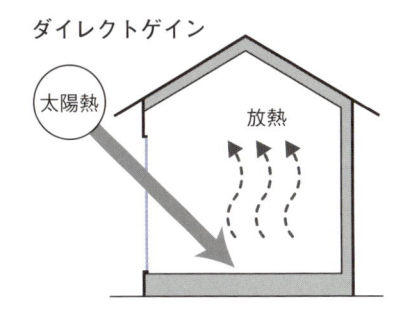

ダイレクトゲイン

窓ガラスから取り込んだダイレクトゲイン（日射熱）をコンクリート、レンガ、タイルなどの蓄熱体に蓄熱させ、放射熱によって暖房を行う

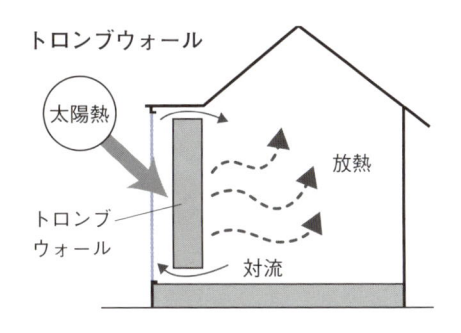

トロンブウォール

窓ガラスの内側にトロンブウォールと呼ばれる蓄熱体を設置して、対流と、放射熱によって暖房を行う

エアサイクル

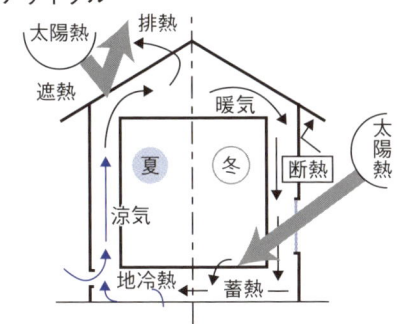

二重構造の外壁と床下空間を利用して、夏は床下空間の地冷熱を循環させて遮熱し、冬は蓄熱を循環させて放熱させる

ダブルスキン

二重構造の窓ガラスの間の空気を利用して、冬は室内に熱を放射、夏は排気することによってペリメータゾーンの温熱環境を調節する

ライトシェルフ

ライトシェルフによって直射日光を遮るのと同時に、光を天井へ当て、柔らかい反射光を部屋の奥まで導く。昼間でも照明を必要とする奥行のある空間で特に有効で、照明による電気料金を節約できる

7・省エネを考慮した設備

7-7 自然の力を利用したパッシブシステム②

●落葉樹や緑化によるパッシブ効果

　日差しの強い夏場には日傘や木陰など、陰になる所は涼しいということを体験的に理解できるかと思います。ごく簡単なことですが、太陽の直射日光を有効に遮ることで建物内部の空調負荷を軽減することができます。ポイントとしては建物に日が当たって蓄熱される前に日差しを遮ることです。昔からある「すだれ」や「よしず」、外付けの「ブラインド」や「オーニング」なども有効な省エネ対策となります。また、夏には葉を付け、冬には葉を落す「落葉樹」を庭に植えて、外壁や窓に当たる直射日光を調節することも有効な手法（図7-7-1）ですし、同様の理屈で、「屋上緑化」や「壁面緑化」なども有効です（図7-7-2）。落葉樹や屋上・壁面緑化は実際に冷却効果もありますし、微力ながら温室効果ガスの吸収ができること、そして、なにより視覚的に安らぎを与えてくれます。

●新・渋谷駅の自然換気システム

　大規模な施設でもパッシブシステムを取り入れることが可能です。2008年に「新・渋谷駅」がオープンしました。「地中舟」がテーマのデザインで知られる渋谷の新地下駅ですが、デザインだけではなく話題となるのは、地下5階＋地上1階の大規模な地下駅でありながら環境に配慮された点です。巨大な吹き抜けを利用した温度差による自然の対流現象を取り入れた自然換気システム（図7-7-3）によって年間1000t程度のCO_2削減効果があるといわれています。また、渋谷の新しいランドマークとなった「渋谷ヒカリエ」は地下駅の自然換気機能を内包するのと同時に、エレベーターシャフトや吹き抜けを利用して夜間の外気を取り入れ、館内の暖気を逃がすシステム（ナイトパージ）の導入、屋上やデッキなど敷地面積の30％を緑化するなどによってCO_2削減、省エネルギー、ヒートアイランド対策が行われています。

図 7-7-1　落葉樹によるパッシブ効果

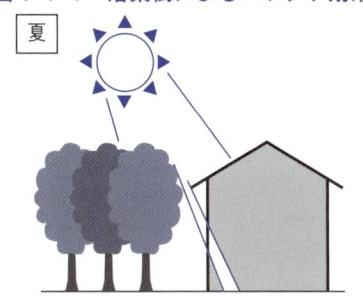

夏

夏の太陽は高い位置にあるので葉をつける落葉樹や軒、庇、すだれ、よしず、ブラインド、オーニングなどで日差しを遮り、涼風を取り込むようにする

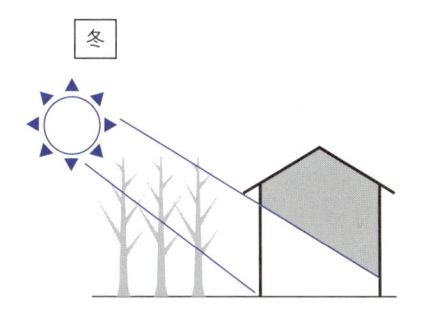

冬

冬の太陽は低い位置にあるので、葉を落とす落葉樹なら室内に日差しと熱を取り込むことができる

図 7-7-2　屋上緑化と壁面緑化

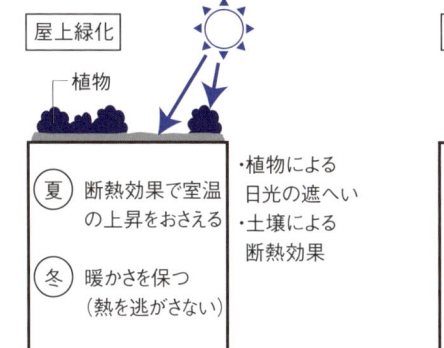

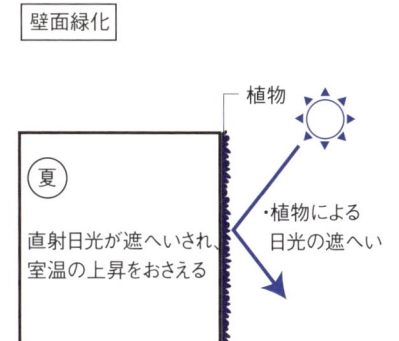

屋上緑化
- 植物
- 夏　断熱効果で室温の上昇をおさえる
- 冬　暖かさを保つ（熱を逃がさない）
- ・植物による日光の遮へい
- ・土壌による断熱効果

壁面緑化
- 植物
- 夏　直射日光が遮へいされ、室温の上昇をおさえる
- ・植物による日光の遮へい

図 7-7-3　新・渋谷駅の自然換気システム

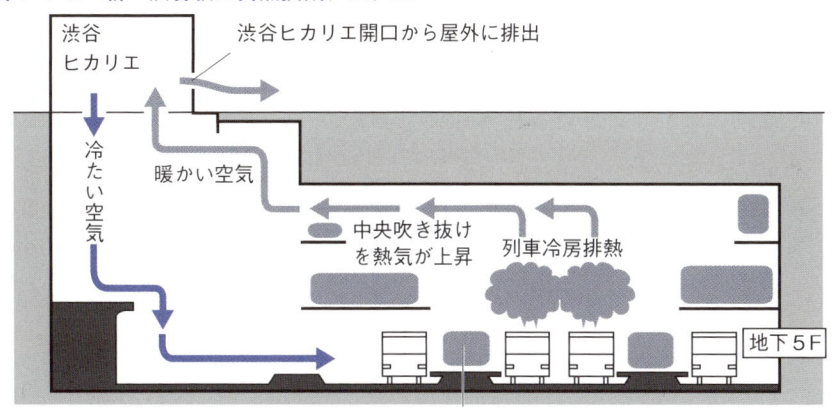

渋谷ヒカリエ
冷たい空気
渋谷ヒカリエ開口から屋外に排出
暖かい空気
中央吹き抜けを熱気が上昇
列車冷房排熱
地下5F
内部発熱により駅構内温度上昇　（東急電鉄 HP を参考にして作成）

7・省エネを考慮した設備

7-8 ハイブリッド換気システム

●ハイブリッド換気システムとは

　ハイブリッド換気システムとは、温度差や風圧といった自然の換気力を積極的に利用し、自然換気で補えない部分については機械換気を併用することによってバランスよく換気を行うシステムです（図7-8-1）。建物のまわりの風を内部に取り込み、吹き抜けなどによる建物内の構造を利用して安定した換気の流れをつくります。自然換気を積極的に利用することで、空調の動力負荷が減り、省エネになります。一般住宅の24時間換気などでも採用されますし、大規模な建物でも採用される換気システムです。

●クールチューブ＋ハイブリット換気

　地中は外気の温度と比較して夏は涼しく、冬は温かい性質を持っています。このような特性を「恒温性」といい、土は恒温性に優れた蓄熱体といえます。地中熱を利用するパッシブシステムの代表的なものに「クールチューブ」があります。クールチューブは地中に配管を埋設して外気を通し、熱交換を行って室内に安定した温度の空気を送るシステムです（図7-8-2）。気温や天候に左右されず通年、安定したパッシブクーリング・ヒーティング効果が得られるなどさまざまなメリットがあります。注意点としては、地中配管により土壌を掘り起こす都合上、地盤が弱くなるので地盤の補強対策や、クールチューブ配管内の結露やカビ対策も必要となります。

　近年ではクールチューブとハイブリット換気を併用した「まちづくり」も行われています。一例としては「エコライフタウン練馬高野台」があります。エコライフタウン練馬高野台の興味深いところは、住戸単独でクールチューブ埋設するのではなく、複数の住戸にクールチューブを連結させて埋設していることです。クールチューブは地中に埋設する配管の経路が長ければ、比較的浅い深度でも高い効果を得られるので理にかなっています。

図7-8-1　ハイブリッド換気システム

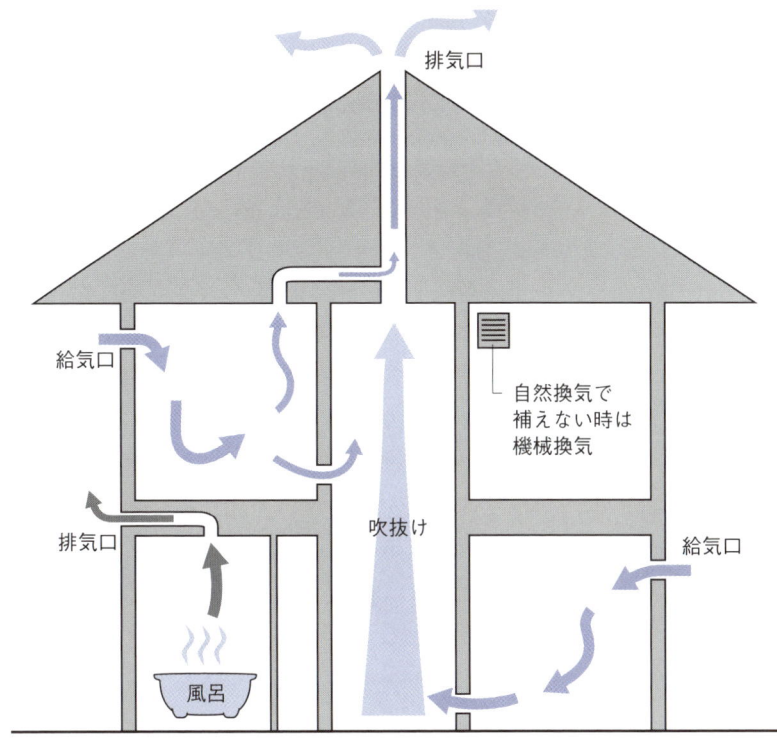

- 排気口
- 給気口
- 自然換気で補えない時は機械換気
- 排気口
- 吹抜け
- 風呂
- 給気口

図7-8-2　クールチューブ

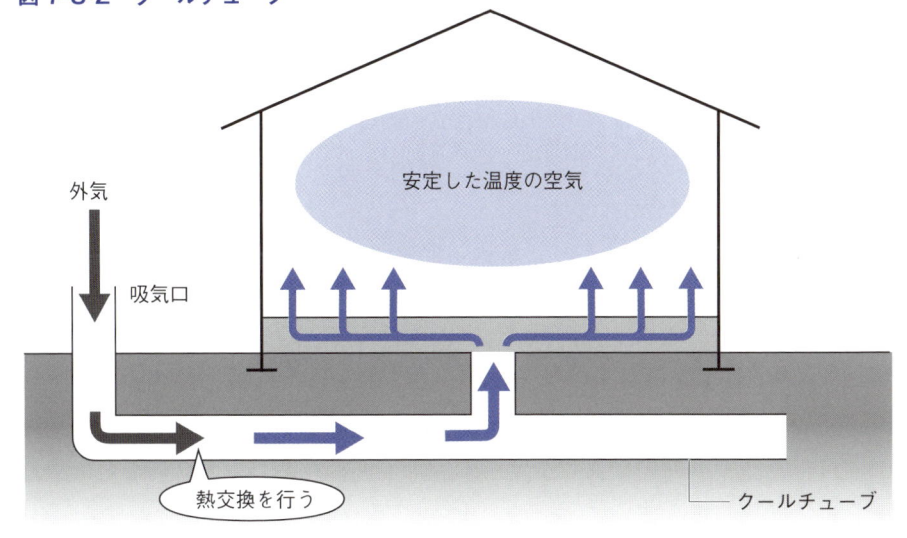

- 外気
- 吸気口
- 安定した温度の空気
- 熱交換を行う
- クールチューブ

7・省エネを考慮した設備

7-9 再生可能エネルギー

●日本のエネルギー自給率

　日本の原子力発電を除くエネルギー自給率はわずかに4%です（図7-9-1）。これまで日本の主なエネルギー源は石油、石炭、天然ガスといった化石燃料など枯渇する恐れのある地下資源で、そのほとんどを諸外国からの輸入に頼っています。

　先の東日本大震災による原発事故で原発の安全神話が崩壊し、火力発電へ依存度が高くなり、さらに大量の化石燃料を諸外国から掻き集めなければならないのが今の日本の現状です。現状を打破するため、原発事故を繰り返さないためにも、太陽光、風力、水力、地熱といった自然の力による「再生可能エネルギー」への期待が高まります。何より将来にわたって安全で安定して使えるエネルギーが必要で、一つのエネルギーに固執しない、地域、町、個人レベルで発電を分散させエネルギーを地産地消するなど、日本は今、エネルギーとの関わり方を考える過渡期に立たされています。

●再生可能エネルギーの種類

　再生可能エネルギーにはさまざまなものがあります。発電ということでは「太陽光発電」「風力発電」「水力発電」「地熱発電」「バイオマス発電」「波力発電」「潮流発電」などさまざまです。熱利用ということでは「太陽熱利用」「地中熱利用」などがあります。

　発電の分野で注目されるのは地熱発電（図7-9-2）です。日本には現在18箇所の地熱発電所がありますが、総発電量としてはわずかに0.2%程度です。気象条件に左右されず、安定した発電が期待でき、日本は世界3位の地熱資源量を保有する火山大国でありながら、地熱を生かしきれていないのが現状です。建設にはコストの問題、立地条件として国立公園などの制約、温泉地の反対など諸々の問題はありますが、近年、大手企業、電力会社などによる開発が活発化してきています。

図 7-9-1 主要国のエネルギー自給率（原子力を除く）

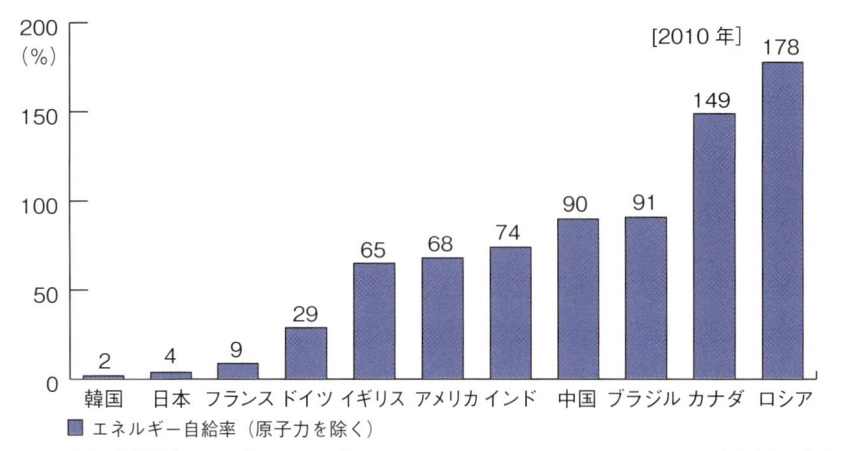

[2010年]

国	エネルギー自給率（％）
韓国	2
日本	4
フランス	9
ドイツ	29
イギリス	65
アメリカ	68
インド	74
中国	90
ブラジル	91
カナダ	149
ロシア	178

出典：九州電力データブック 2013 「Energy Balances of Non-OECD Coutries 2012」をもとに作成

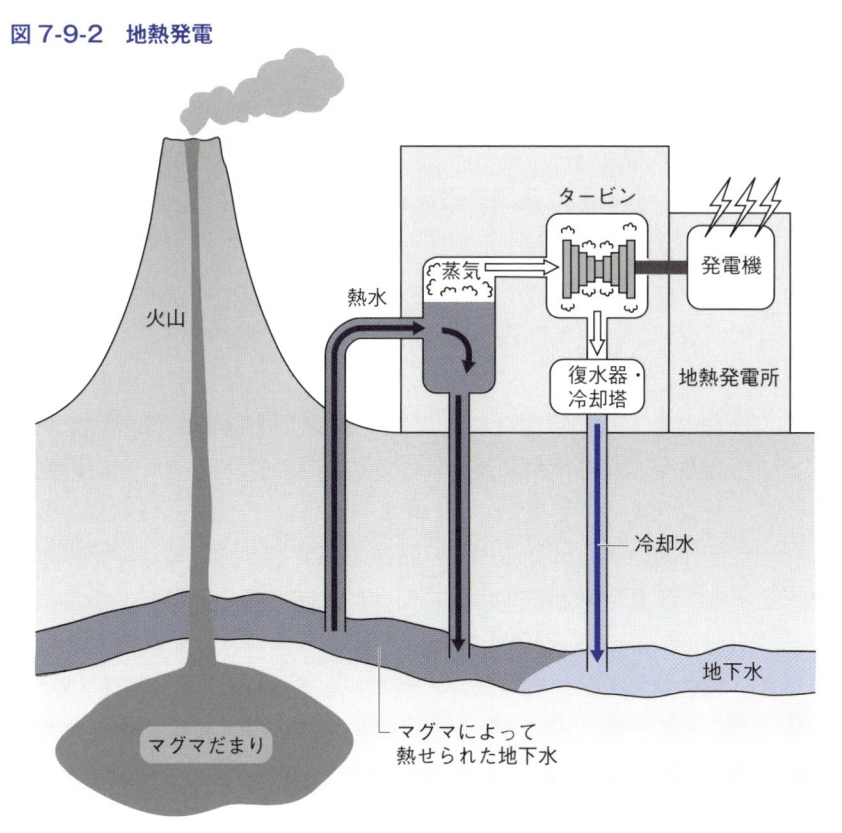

図 7-9-2 地熱発電

7-10 地域冷暖房

●地域冷暖房とは

「地域冷暖房」とは集約したエネルギー供給プラントから各建物や施設に冷・温水、蒸気といった熱エネルギーを供給し、建物個別ではなく、複数の建物、つまり地域ぐるみで共有して使おうという取り組みです（図7-10-1）。1972年に熱供給事業法が制定され、地域冷暖房は公益事業として取り扱われるようになりました。近年では、今まではあまり利用されていなかった工場や変電所の排熱、河川や海水の熱、雪氷熱などといった地域特有の「未利用エネルギー」、再生可能エネルギー、コージェネレーションを組み合わせて、熱と電気エネルギーを併せて供給する取り組みも多く見られます。

●地域冷暖房のメリット

地域冷暖房においてエネルギー供給プラントを設け、熱源を集約することで以下のようなメリットが生じます。

地域内の建物や施設に熱源機や冷却塔が必要ないので、収益面積を増やす、駐車場として利用する、屋上緑化するなどスペースを有効利用することができます（図7-10-2）。熱源を一括して管理できるので建物個別に分散するのと比較して比較的少人数で専門スタッフによる24時間体制の保全管理が行えます。また、熱源設備自体が大規模になるので未使用エネルギーや再生可能エネルギーを取り入れても採算が取れる可能性が大きくなりますし、よりエネルギー効率の向上化を計れるので、地域単位で省エネ、地球温暖化、大気汚染、ヒートアイランドといった環境問題に配慮することができます。

日本では1970年に大阪の千里中央地区で初めて地域冷暖房が導入されました。以来、東京スカイツリー地区、六本木ヒルズ地区など、現在では全国140以上の地区で地域冷暖房が導入されています。今後もさらなる発展と普及が望まれています。

図 7-10-1 地域冷暖房

オフィスビル　商業施設　住宅

温水や冷水

熱

地域エネルギー供給プラント

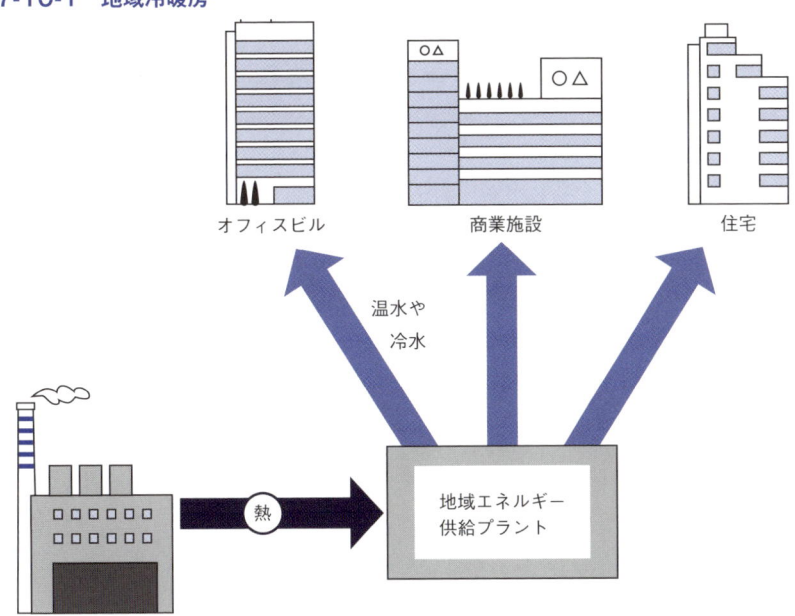

図 7-10-2 熱源集約によるメリット

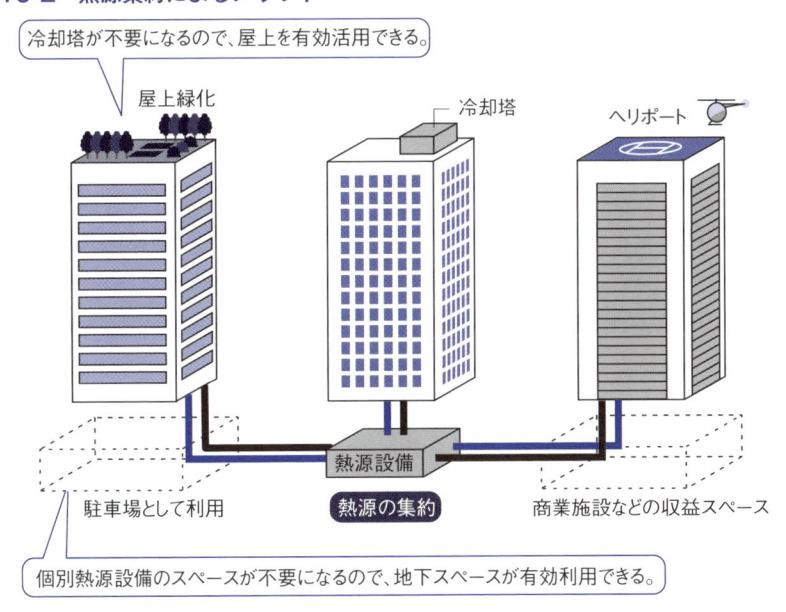

冷却塔が不要になるので、屋上を有効活用できる。

屋上緑化　冷却塔　ヘリポート

駐車場として利用　熱源設備　商業施設などの収益スペース

熱源の集約

個別熱源設備のスペースが不要になるので、地下スペースが有効利用できる。

7・省エネを考慮した設備

7-11 CASBEE（建築環境総合性能評価システム）

● CASBEE（キャスビー）の概要

　CASBEE（Comprehensive Assessment System for Built Environment Efficiency）とは省エネ、省資源、快適性、景観への配慮などさまざまな側面から建物の環境性能を客観的に評価して格付けをするシステムです。わかりやすく格付けをして開示することにより、その建物がどの程度環境に対する配慮などの社会的責任を果たしているかといった指標になります。日本でこのようなシステムが導入されたのは2001年からで、まだ歴史が浅く、広く一般的に認知されているとは言い難いですが、自治体によっては評価の高い建物には助成金を出すなどの例もあり、徐々に浸透しつつあるシステムです。

　評価のしくみは、敷地境界などで「仮想境界」を設定し、建物を含めた内部空間と仮想境界を超えた公的環境となる外部空間に区分します。内部空間となる建物の環境品質・性能をQ（Quality）、外部空間となる建物の外部環境負荷をL（Load）とし、環境性能効率BEE = Q/Lとなります。分母のLが小さく、分子のQが大きいほど評価は高くなるので、BEEの値が大きいほど、環境を破壊することなく持続可能性（サスティナビリティ）に優れている建物といえます。評価のランクは上位から「S：素晴らしい（BEE = 3.0以上）」「A：大変良い（BEE = 1.5以上〜3.0未満）」「B＋：良い（BEE = 1.0以上〜1.5未満）」「B−：やや劣る（BEE = 0.5以上〜1.0未満）」「C：劣る（BEE = 0.5未満）」の5段階評価となります。

図 7-11-1　CASBEE 評価のしくみ

資源消費、CO_2 排出など

騒音、廃熱、排水など

土壌汚染

環境品質・性能
Q(Quality)

建築物の環境効率
BEE=

環境負荷
L(Load)

L が小さく Q が大きいほど評価は高くなる

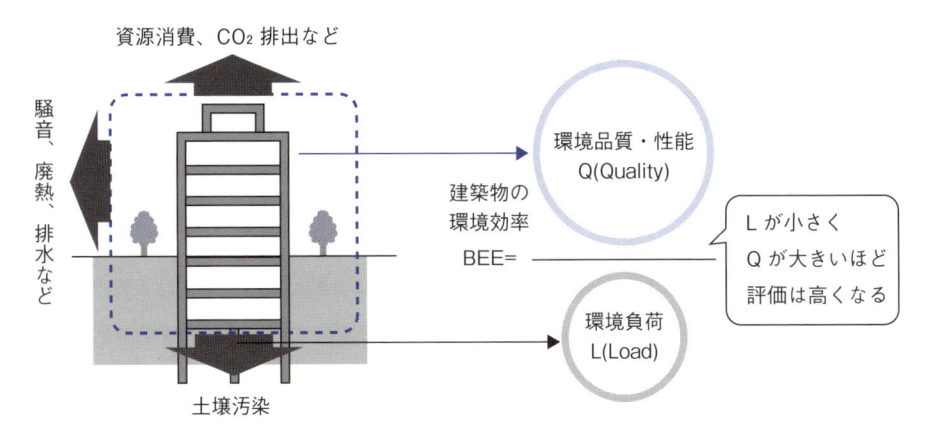

表 7-11-1　CASBEE 評価表

BEE の値	ランク	評価
3.0 以上	S	すばらしい
1.5 以上 3.0 未満	A	大変よい
1.0 以上 1.5 未満	B+	良い
0.5 以上 1.0 未満	B-	やや劣る
0.5 未満	C	劣る

用語索引

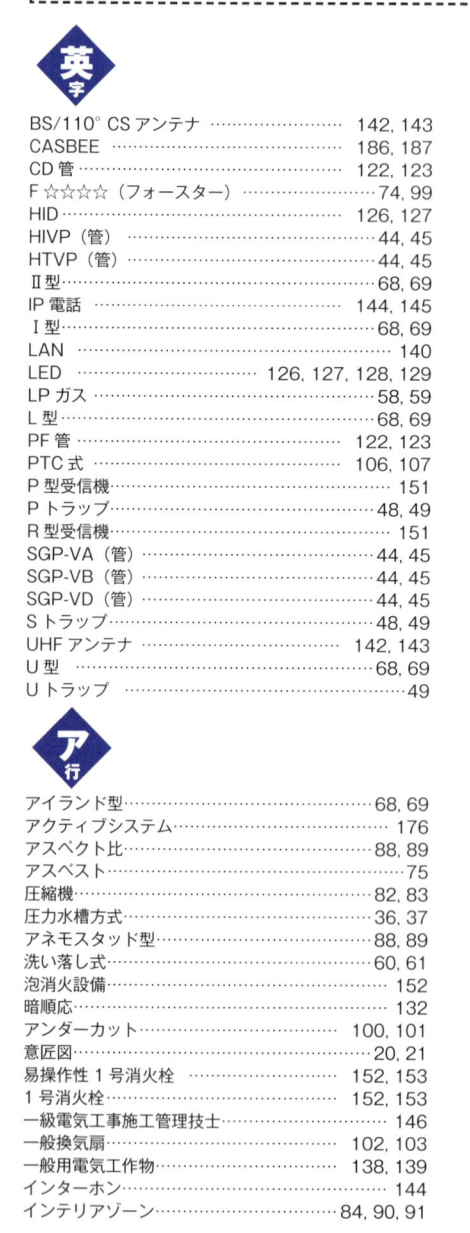

英字

用語	ページ
BS/110°CS アンテナ	142, 143
CASBEE	186, 187
CD 管	122, 123
F☆☆☆☆（フォースター）	74, 99
HID	126, 127
HIVP（管）	44, 45
HTVP（管）	44, 45
Ⅱ型	68, 69
IP 電話	144, 145
Ⅰ型	68, 69
LAN	140
LED	126, 127, 128, 129
LP ガス	58, 59
L 型	68, 69
PF 管	122, 123
PTC 式	106, 107
P 型受信機	151
P トラップ	48, 49
R 型受信機	151
SGP-VA（管）	44, 45
SGP-VB（管）	44, 45
SGP-VD（管）	44, 45
S トラップ	48, 49
UHF アンテナ	142, 143
U 型	68, 69
U トラップ	49

ア行

用語	ページ
アイランド型	68, 69
アクティブシステム	176
アスペクト比	88, 89
アスベスト	75
圧縮機	82, 83
圧力水槽方式	36, 37
アネモスタッド型	88, 89
洗い落し式	60, 61
泡消火設備	152
暗順応	132
アンダーカット	100, 101
意匠図	20, 21
易操作性 1 号消火栓	152, 153
1 号消火栓	152, 153
一級電気工事施工管理技士	146
一般換気扇	102, 103
一般用電気工作物	138, 139
インターホン	144
インテリアゾーン	84, 90, 91
インバート枡	50, 51
雨水枡	50, 51
うず巻きポンプ	40, 41
内断熱工法	80, 81
埋め込み型	64, 65
エアーフローウィンドウ	90, 91
エアサイクル	90, 176, 177
エコウィル	172, 173
エコキュート	56, 106, 170, 171
エコジョーズ	106, 170, 171
エスカレーター	136, 137
エネファーム	172, 173
エレベーター	136, 137
塩化ビニル管	44, 45
遠心送風機	88, 89
塩ビライニング鋼管	44, 45
オイルトラップ	48
オイルヒータ	104, 105
屋内消火栓設備	152, 156
汚水	26
汚水排水槽	50, 51
温水式床暖房	106, 107
温度差換気	96, 97

カ行

用語	ページ
加圧防煙システム	154, 155
カーボンヒータ	104, 105
回転球体法	158, 159
角ダクト	88, 89
ガス瞬間湯沸器	56, 57
ガスファンヒータ	104, 105
合併処理浄化槽	32, 33
壁掛型	92, 93
ガラリ	100, 101
簡易専用水道	42
換気	96, 97
換気経路	100, 101
換気扇	102, 103
機械換気	96, 97, 180
機械排煙方式	154, 155
揮発性有機化合物	74, 75
逆止弁	44, 45
キャビテーション	40, 41
給湯方式	54, 55
キュービクル	116, 117, 134
供給電圧	114, 115
強電	140
局所換気	96, 97
局所式	54, 55, 56
局部照明	130, 131
金属管	122, 123

188

金属製可とう電線管	122, 123
偶発故障期間	18, 19
クールチューブ	180, 181
グラスウール	80, 81
グリーストラップ	48, 49
クロスフローファン	88, 89
蛍光灯	126, 127
ケーブルラック	122, 123
下水道	26, 28, 29, 32, 46, 48
下水道管	30, 31
結露	78, 79
減圧沸騰	40
嫌気性菌	32
嫌気ろ床槽	33
建築化照明	130, 131
コア内蔵継手	44, 45
高圧	114, 115
好気性菌	32
公共枡	46, 47
光源	126, 127
硬質ウレタンフォーム	80, 81
硬質塩化ビニル管	30, 31
硬質ビニル電線管	122, 123
硬質ポリ塩化ビニル管	46
合成樹脂管	44, 45
構造図	20, 21
合流式	26, 27
コージェネレーション	56, 172
コーニス照明	130, 131
コーブ照明	130, 131
氷蓄熱式空調システム（エコアイス）	174, 175
個別分散熱源方式	84, 85
コンセント	124, 125

サ行

最終沈殿池	28, 29
最初沈殿池	28, 29
サイホン式	60, 61
サイホンゼット式	60, 61
サイホンボルテックス式	60, 61
在来浴室	64, 65
雑排水	26
雑排水管	50, 51
自家用電気工作物	138, 139
軸流送風機	88, 89
システムバス	64, 65
自然換気	96, 97, 180
自然排煙方式	154
シックハウス（症候群）	74, 98, 99
自動火災報知設備	150, 151
借室変電室	116
弱電	140
住宅用防災警報器	150
充填断熱工法	80, 81
終末処理場	26, 27, 28, 32
主幹	118, 119
受水槽	42, 43

受水槽方式	36, 37
受変電設備	116, 117, 134, 135
竣工図	20, 21
浄化槽	32
浄化槽管理士	32
浄化槽法	32, 33
小規模貯水槽水道	42
浄水施設	24
上水道	24
消毒設備	28, 29
消毒槽	33
消防用設備	156
初期故障期間	18, 19
シロッコファン	88, 89
人体寸法	16, 17
浸透枡	32
スイッチ	124, 125
水道直結増圧方式	36, 37
水道直結式	36, 37
水道配水用ポリエチレン管	30, 31
水道用硬質ポリ塩化ビニル管	46
据え置き型	64, 65
ステンレス管	44, 45
スプリンクラー設備	152, 156
制震	160
石油ファンヒータ	104, 105
施工図	20, 21
絶縁電線	120, 121
設計図	20, 21
接触ばっ気槽	33
設備図	20, 21
セミサイホン式	60, 61
セラミックファンヒータ	104, 105
全熱交換器	92, 102, 103
全般換気	96, 97
全般照明	130, 131
総合図	20, 21
掃除口	52, 53
外断熱工法	80, 81
外張り断熱工法	80, 81

タ行

タービンポンプ	40, 41
第1種換気（設備）	96, 97
第2種換気（設備）	96, 97
第3種換気（設備）	96, 97
第一種電気工事士	146
第一種電気主任技術者	146
耐火二層管	46
第三種電気主任技術者	146
耐震	160
第二種電気工事士	146
第二種電気主任技術者	146
太陽光発電	168, 169
太陽熱温水器	56, 168, 169
対流暖房	104, 105
ダイレクトゲイン	176, 177

189

高置水槽（方式）	36, 37, 38, 40, 42
ダクタイル鋳鉄管	30, 31
ダクト用換気扇	102, 103
タスクアンビエント照明	130, 131, 132
多段タービンポンプ	40
ダブルスキン	90, 176, 177
玉形弁	44, 45
単一ダクト方式	84, 85, 86, 87, 92, 108
単独処理浄化槽	32
断熱材	80, 81
地域冷暖房	56, 184, 185
蓄熱式	106, 107
蓄熱式暖房機	104, 105
地熱発電	182, 183
中央式	54, 55
中央熱源方式	84, 85
鋳鉄セクショナルボイラ	56, 57
貯水槽	42, 43
直結・受水槽併用方式	36
直結給水方式	36, 37
貯湯式電気温水器	56, 57
沈砂池	28, 29
沈殿槽	33
通路誘導灯	156, 157
低圧	114, 115
定風量方式（CAV）	84, 85
電気工事士	146
電気式床暖房	106, 107
電気主任技術者	146
天井カセット型	92, 93
天井吊り型	92, 93
天井ビルトイン型	92, 93
電灯分電盤	118
伝熱線式	106, 107
電流制限器	118, 119
銅管	44, 45
動作寸法	16, 17
動力機器	134, 135
動力制御盤	118, 134, 135
動力設備	134
特別高圧	114, 115
都市ガス	58, 59
吐水口空間	42, 43
トラップ	48, 49
トロンブウォール	176, 177

ナ行

二級電気工事施工管理技士	146
2号消火栓	152, 153
24時間換気	98, 99
熱交換器	82, 83
熱損失	80
熱通過	80

ハ行

排煙設備	154, 156
配管材	122, 123
配管継手	44, 45
配管用炭素鋼鋼管	46
配水管	30, 31
排水管	46, 47, 52
排水口空間	42, 43
排水槽	50, 51
排水立て管	46, 47
排水枡	50, 51
排水用硬質ビニルライニング鋼管	46, 47
排水横枝管	46, 47
排水横主管	46, 47
パイプ用ファン	102, 103
ハイブリッド換気システム	180, 181
バスダクト	122, 123
裸電線	120, 121
パッケージユニット方式	84, 85
パッシブシステム	176, 177, 178, 180
バットマウント	116, 117
パネルヒータ	104, 105
破封	48, 49
パラペット	158, 159
バルブ	44, 45
ハロゲン電球	126, 127
半埋め込み型	64, 65
反応タンク	28, 29
ヒートショック	66, 76, 77
ヒートポンプ	56, 82, 83, 86, 92, 170
引き下げ導線	158, 159
非常電源	156, 157
非常用照明	156
必要換気量	100, 101
避難口誘導灯	156, 157
ヒューム管	30, 31
避雷設備	158, 159
ビル用マルチエアコン（方式）	84, 85, 92, 93
ファンコイルユニット（方式）	84, 85, 90, 91
ファンコンベクタ	104, 105
ブースター	142, 143
風力換気	96, 97
不活性ガス消火設備	152
吹出口	88, 89
フラッシュバルブ式	60, 61
分岐遮断器	118, 119
分電盤	118, 119
分配器	142, 143
粉末消火設備	152
分流式	26, 27
ベースボードヒータ	104, 105
ペニンシュラ型	68, 69
ペリメータゾーン	84, 90, 91, 176, 177
ペリメータファンシステム	91
変風量方式（VAV）	84, 85
放射暖房	76, 77, 104, 105, 106
膨張弁	82, 83
防犯設備	162
保護角法	158, 159
ポリエチレンフォーム	80

ポリエチレン粉体ライニング鋼管	44, 45
ポリスチレンフォーム	80, 81
ボリュートポンプ	40, 41
ホルムアルデヒド	74, 75, 98, 99
ポンプ直送方式	36, 37

マ行

摩耗故障期間	18, 19
丸ダクト	88, 89
丸ボイラ	56
水噴霧消火設備	152
メタルモール	122, 123
メッシュ法	158, 159
免震	160

ヤ行

油圧式	136, 137
有圧換気扇	102, 103
有機EL	128
有機リン系化合物	74, 75
誘導灯	156, 157
床置型	92, 93
床暖房	76, 77, 106, 107
ユニバーサル型	88, 89
揚水ポンプ	40

ラ行

ライトシェルフ	176, 177
ライフサイクルコスト（LCC）	18, 19
ライン型	88, 89
リミットロードファン	88, 89
レジオネラ菌	54, 55
レンジフードファン	102, 103
漏電遮断器	118, 119
ロータンク式	60, 61
ロープ式（トラクション式）	136, 137
ロックウール	80, 81
炉筒煙管ボイラ	56, 57
ワイヤリングダクト	122, 123
椀トラップ	48, 49

■写真提供

朝日鋳工株式会社、クボタシーアイ株式会社、帝国ヒューム管東日本株式会社、積水化学工業株式会社、株式会社広島水道センター、大阪府立公衆衛生研究所、TOTO株式会社、株式会社カネカ、アキレス株式会社、旭ファイバーグラス株式会社、ニチアス株式会社、株式会社フカガワ、空調技研工業株式会社、三菱重工株式会社、株式会社ジェット、エム・ティ・システム株式会社、三菱電機株式会社、日東工業株式会社、東京電力株式会社、テンパール工業株式会社、昭和電線ケーブルシステム株式会社、西日本電線株式会社、株式会社フジクラ、丸一鋼管株式会社、未来工業株式会社、株式会社三桂製作所、外山電気株式会社、八州電工株式会社、パナソニック株式会社、株式会社安藤・間、一般財団法人日本免震構造協会、株式会社セキュリティハウス・センター

■参考文献

『イラストでわかる建築設備』　山田信亮、菊地　至、打矢　二、中村守保　ナツメ社
『世界で一番やさしい建築設備』　山田浩幸監修　エクスナレッジ
「1級建築士講座テキスト 学科I 建築計画」　総合資格学院
『やさしい 建築設備図面の見方・かき方』　千葉孝男、永塚　襄、長谷川勝実、渡辺和雄、阿部正行、大隅和男、三宅圀博　オーム社
『図解 給排水衛生設備の基礎—はじめて建築設備を学ぶ人のために』　山田信亮　ナツメ社
『イラストでわかる給排水・衛生設備のメンテナンス』　中井多喜雄　学芸出版社
『だれにもわかる 建築図面の見方・書き方』　岸田林太郎、山縣慶三　オーム社

■著者紹介

菊地至（きくち・いたる）

1968年生まれ。東京工科専門学校建築科夜間卒業。二級建築士。
商業建築の設計・施工事務所、住宅設計事務所を経て、現在は建築関連書籍のイラストレーター、ライターとして活躍中。
著書に『イラストでわかる建築設備』（共著、ナツメ社）、『図解雑学　材料力学』（共著、ナツメ社）、『図解雑学　構造計算』（共著、ナツメ社）など。

- ●装　　　丁　　中村友和（ROVARIS）
- ●作図＆イラスト　田中こいち、武村幸代、鶴崎いづみ
- ●編　集＆DTP　ジーグレイプ株式会社

しくみ図解シリーズ
建築設備が一番わかる

2014年3月25日　初版　第1刷発行
2021年12月9日　初版　第4刷発行

著　　者	菊地　至
発　行　者	片岡　巌
発　行　所	株式会社技術評論社
	東京都新宿区市谷左内 21-13
	電話
	03-3513-6150　販売促進部
	03-3267-2270　書籍編集部
印刷／製本	株式会社加藤文明社

定価はカバーに表示してあります

本書の一部または全部を著作権法の定める範囲を超え、無断で複写、複製、転載、テープ化、ファイル化することを禁じます。

©2014　菊地　至

造本には細心の注意を払っておりますが、万一、乱丁（ページの乱れ）や落丁（ページの抜け）がございましたら、小社販売促進部までお送りください。　送料小社負担にてお取り替えいたします。

ISBN978-4-7741-6302-4 C0052

Printed in Japan

本書の内容に関するご質問は、下記の宛先まで書面にてお送りください。お電話によるご質問および本書に記載されている内容以外のご質問には、一切お答えできません。あらかじめご了承ください。

〒162-0846
新宿区市谷左内町 21-13
株式会社技術評論社　書籍編集部
「しくみ図解シリーズ」係
FAX：03-3267-2271